DORÉ
RECONTEXTUALISER L'ATTRAIT DE L'OR

VERGOLDET
VON NEUEN ALLIANZEN UND VERSCHMELZUNGEN

GILDED
A MATTER OF ALLURE

Herausgegeben von | Edité par | Edited by
Karin Scheel | Schloss Biesdorf | D-Berlin
Vincent Lieber | Château de Nyon | CH-Nyon

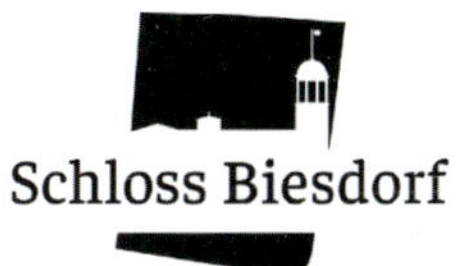

Schloss Biesdorf

LE CI
HATEAU I
DE
NYON

KERBER ART

Inhaltsverzeichnis | Sommaire | Contents

Karin Scheel
Vorwort | Préface
4–7

Vincent Lieber
Doré | Vergoldet
8–11

Harald F. Theiss
Doré | Vergoldet
Von neuen Allianzen und Verschmelzungen
Vergoldet | Doré
Recontextualiser l'attrait de l'or
12–20

Die Künstler:innen | Les artistes
22–99

English Texts
100–120

Biographies
121–124

List of Works | Photo Credits
125–126

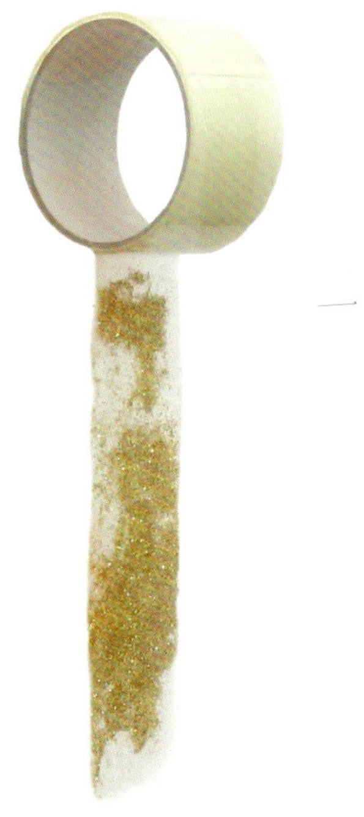

Ruth Campau
The Beginning, 2010
Klebeband gold
Ruban doré
50 × 40 cm

VORWORT

Karin Scheel | Künstlerische Leiterin Schloss Biesdorf

„Na endlich!", wird wohl mancher oder manche denken. Gold im Schloss, so sollte es sein. Vielleicht war es auch schon einmal so, wir wissen es nicht. Es sind keine Fotografien der Innenräume aus der Historie des Gebäudes erhalten; zu Farbigkeit, Gestaltung und Mobiliar aus den ersten Jahrzehnten ist nichts bekannt.

Auch wenn das Gebäude liebevoll „Schloss" genannt wird – es ist keins, die spätklassizistische Villa wurde 1886 als repräsentatives Wohnhaus erbaut. Architekt war Heino Schmieden (1835–1913), der gemeinsam mit Martin Gropius seinerzeit eine der größten Architektengemeinschaften Berlins, die Sozietät Gropius & Schmieden, bildete. Die herrschaftliche Villa, umrahmt vom beeindruckenden, denkmalgeschützten Schlosspark, hat eine bewegte Geschichte: Anfangs als Wohnhaus größtenteils von der Familie Siemens genutzt, ging die Villa ab 1927 in den Besitz der Stadt Berlin über. Zum Ende des Zweiten Weltkrieges wurde das Gebäude teilweise zerstört und später notdürftig repariert. Eine umfassende Sanierung mit dem Wiederaufbau der oberen Etagen begann 2013 und wurde 2016 abgeschlossen. Heute ist Schloss Biesdorf ein Kleinod in der Berliner Denkmallandschaft, in der es nur noch etwa 25 Schlösser, Herrenhäuser und Palais gibt. Als kommunale Galerie des Berliner Bezirkes Marzahn-Hellersdorf zeigt das Schloss jetzt wechselnde Ausstellungen zeitgenössischer Kunst und des kulturellen Erbes sowie eine kleine Dauerausstellung zur Geschichte des Hauses. Alle Ausstellungen werden intensiv begleitet von einem umfangreichen Kunstvermittlungspro-gramm für alle Altersgruppen. Daneben gehören diverse Veranstaltungen, Diskussionsabende, Künstler:innengespräche, Performances und Workshops zum Programm des Hauses.

Die Galerie versteht sich nicht als reiner Präsentationsort bildender Kunst, sondern als Diskussionsplattform gesellschaftlicher und künstlerischer Fragen. Die Verbindung von kulturellen, politischen und philosophischen Themensetzungen steht daher im Fokus der oft für den Ort konzipierten Ausstellungen und Kunstprojekte. Eine Verzahnung der Themen mit dem besonderen, urbanen Umfeld des Schlosses Biesdorf findet sich immer wieder in den gezeigten künstlerischen Positionen.

Die Ausstellung DORÉ | VERGOLDET | GILDED öffnet jetzt ein weiteres Themenfeld. Es gibt sicher kaum ein emotional stärker aufgeladenes Material als Gold. Macht, Reichtum und Prunk werden seit Jahrhunderten damit assoziiert. Gleichzeitig steht es aber auch für die unerfüllte Sehnsucht nach dem großen Glück, dem magischen Goldschatz oder gar dem goldenen Zeitalter. Die Magie des Wortes Gold zieht sich jetzt durch die Räume des Schlosses Biesdorf und manifestiert sich in einer Vielzahl aktueller künstlerischer Positionen. Diese thematisieren und reflektieren die Gegenwart und befragen die Rolle des besonderen Materials in einem zeitgenössischen Kontext. Der Ausstellungsort mit seinem historischen Ambiente ist bewusst gewählt und bietet eine Vielzahl von Korrespondenzen zwischen Geschichte und Gegenwart. Den vermuteten Glanz vergangener Zeiten werden die Gäste des Schlosses Biesdorf nicht erleben können, sicher aber einen neuen Blick auf ein immer noch mythenumwobenes Metall.

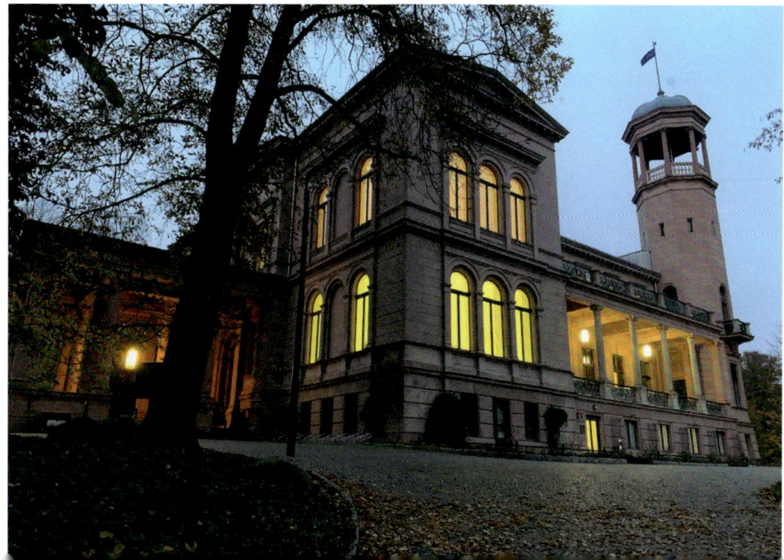

Ansicht Schloss Biesdorf
Foto: Karin Scheel

PRÉFACE

Karin Scheel | Directrice artistique du Schloss Biesdorf

Enfin ! se diront certaines personnes : de l'or dans le château, c'est ainsi que cela devrait être! Peut-être que c'était ainsi auparavant, nous ne le savons pas vraiment. En effet, aucune photographie de l'intérieur du bâtiment tel qu'il était à l'origine ne nous est parvenue, et rien n'est connu sur la palette de couleurs, le design ni même le mobilier des premières décennies.

Même si le bâtiment est appelé par affection «château» – ce n'en est pas un, mais une villa néo-classique, construite en 1886 en tant que résidence privée. L'architecte était Heino Schmieden, qui, avec Martin Gropius (1835 – 1913), a formé l'un des plus grands cabinets d'architecture de Berlin de l'époque, la société Gropius & Schmieden. La majestueuse villa, entourée par l'impressionnant parc du palais, a une histoire très mouvementée : initialement utilisée comme habitation par la famille Siemens, elle est devenue la propriété de la ville de Berlin en 1927. À la fin de la Seconde Guerre mondiale, le bâtiment était en partie détruit et fut réparé de manière aléatoire. Une rénovation complète avec la reconstruction des étages supérieurs a été achevée en 2016. Aujourd'hui, le château de Biesdorf est un véritable joyau dans le paysage des monuments de Berlin, qui ne comprend que quelque 25 châteaux, manoirs et palais. En tant que galerie municipale du quartier berlinois de Marzahn-Hellersdorf, le château présente désormais des expositions temporaires d'art contemporain et de patrimoine culturel ainsi qu'une petite exposition permanente sur l'histoire de la maison. Toutes les expositions s'accompagnent d'un vaste programme d'éducation artistique pour tous les groupes d'âge. De plus, divers événements, soirées-débats, échanges avec les artistes, performances et ateliers font partie du programme de la maison.

La galerie ne se considère pas seulement comme un lieu de présentation des arts visuels, mais aussi comme une plateforme de discussion sur des questions sociales et artistiques. La combinaison de thèmes culturels, politiques et philosophiques est donc au centre des expositions et des projets artistiques souvent conçus pour le lieu. Les positions artistiques présentées associent toujours différents thèmes avec l'environnement urbain particulier du château de Biesdorf.

DORÉ | VERGOLDET | GILDED ouvre maintenant un autre champ thématique : il n'y a guère de matériau plus chargé émotionnellement que l'or. Pouvoir, richesse, faste lui sont associés depuis des siècles. Et, en même temps, il représente également le désir insatisfait d'une grande chance, le trésor magique ou même l'âge d'or. La magie du mot or traverse désormais les salles du château de Biesdorf, se manifestant dans une multitude de positions artistiques actuelles. Ces dernières abordent et réfléchissent sur le présent, interrogeant le rôle du matériau spécial dans un contexte contemporain.
Le lieu d'exposition à l'ambiance historique a été délibérément choisi et offre une variété de correspondances entre l'histoire et le présent. Les hôtes du château de Biesdorf ne pourront certes pas connaître la supposée splendeur des temps passés, mais ils pourront très probablement jeter un nouveau regard sur un métal encore entouré de mythes.

DORÉ | VERGOLDET

Vincent Lieber | Konservator von Château de Nyon

Als Harald F. Theiss mir von der Ausstellung erzählte, die er zum Thema der Vergoldung in der zeitgenössischen Kunst vorbereitete, weckte er sofort meine Aufmerksamkeit. Das Château de Nyon organisiert seit Langem Ausstellungen, in denen sich alte und zeitgenössische Kunst begegnen. Die Idee, altes und modernes Gold aufleuchten zu lassen, begeisterte mich daher sofort, vor allem, weil das Thema Gold eng mit dem Porzellan verbunden ist, das zwischen 1781 und 1813 in Nyon hergestellt wurde und das wir in einer neuen Präsentation feiern, die seit 2020 im ersten Stock des Schlosses zu sehen ist.

Das Gold, mit dem das Porzellan verziert wurde – in Form von Bordüren, Girlanden oder Ranken –, diente dazu, das Material zu veredeln und dem oft als „weißes Gold" bezeichneten Schatz des Zeitalters der Aufklärung noch mehr Glanz zu verleihen. Heute zeigen wir auf zwei Etagen Werke, die auch noch zweieinhalb Jahrhunderte später auf ihre Weise von der Anziehungskraft des Goldes zeugen, das seit jeher zur Verherrlichung und Verschönerung aller Kunstwerke verwendet wird (und das König Midas wegen seiner übermäßigen Gier zum Verhängnis wird).

Alte und neue Werke werden hier nicht in derselben Ausstellung gezeigt, mit Ausnahme des Porzellanservices aus Nyon, das die Initialen „OR" trägt (die Initialen eines mysteriösen Besitzers – oder einer mysteriösen Besitzerin –, es sei denn, man nimmt dies als emphatischen Verweis auf das Material der Vergoldung). Es ist wahr, dass wir in diesen Räumen zahlreiche Ausstellungen gezeigt haben, in denen alte Artefakte und zeitgenössische Werke miteinander in Beziehung gesetzt wurden: In der Ausstellung *Un bal masqué, XVIIIe siècle et art contemporain* (Ein Maskenball, 18. Jahrhundert und zeitgenössische Kunst) im November 2017 trafen gelbe Caraco-Jacken aus Seidenbrokat aus dem 18. Jahrhundert auf Westen von Versace oder Westwood, Gemälde von Jan de Vliegher gesellten sich zu altem Porzellan aus Nyon oder China, eine Büste von Christian Gonzenbach zeigte eine Marie Antoinette, Königin von Frankreich, die buchstäblich wie ein Handschuh umgestülpt und mit einer metallisch changierenden Engobe bedeckt ist. Bilder von Karen Knorr wetteiferten mit den Wänden des Schlosses und der wunderbare Film von Yinka Shonibare MBE, der von Giuseppe Verdis Oper *Ein Maskenball* inspiriert wurde und in dem die Figuren in Kostümen aus dem Aufklärungszeitalter auftreten, wurde in einem

Saal gezeigt. Zuvor hatte die Bouke de Vries gewidmete Ausstellung (November 2014 bis April 2015) die ausgesprochen zeitgenössische Arbeit dieses Künstlers gezeigt, insbesondere mit dem Werk *War and Pieces*, das aus alten Porzellanfragmenten bestand, die in modernen Kompositionen neu interpretiert wurden.

Ähnlich bot die Ausstellung *Ein sizilianischer Sommer – Antike Majolika und zeitgenössische Kunst* (Juni bis Oktober 2013) eine Mischung aus antiken sizilianischen Fayencen, Per Barclays Bildern sizilianischer Paläste, die sich in ausgedehnten Ölteppichen spiegeln, und Isaac Juliens fantastischem Film, der sowohl den barocken Prunk des Palazzo Gangi-Valguarnera in Palermo als auch die Tragödie der Migranten im Mittelmeer illustriert.

Wir freuen uns besonders darüber, dass parallel zu dieser Ausstellung in Nyon das Schloss Biesdorf im Osten Berlins eine Art Zwillingsausstellung organisiert. Berlin, das übrigens die Geburtsstadt von Jacob Dortu (1749–1819), dem Gründer der Porzellanmanufaktur von Nyon (1781–1813), war! Sein protestantischer Grossvater, der aus Frankreich stammte, hatte sein Land nach der Aufhebung des Edikts von Nantes durch Ludwig XIV. im Jahr 1685 verlassen und war, wie viele Franzosen, in tolerantere Länder wie die Schweiz mit ihren dreizehn Kantonen, die Niederlande oder Preußen gezogen.

Mein Dank gilt daher Harald F. Theiss, der diese Ausstellung vorgeschlagen und zusammengestellt hat, sowie Karin Scheel, der künstlerischen Leiterin von Schloss Biesdorf, für ihre Mitarbeit am vorliegenden Katalog. Schliesslich danke ich allen Mitarbeiter:innen des Kulturamts in Nyon und den Mitarbeiter:innen des Château de Nyon für ihre kontinuierliche Unterstützung und insbesondere Caroline Demierre Burri, die wesentlich zum Aufbau der vorliegenden Ausstellung beigetragen hat.

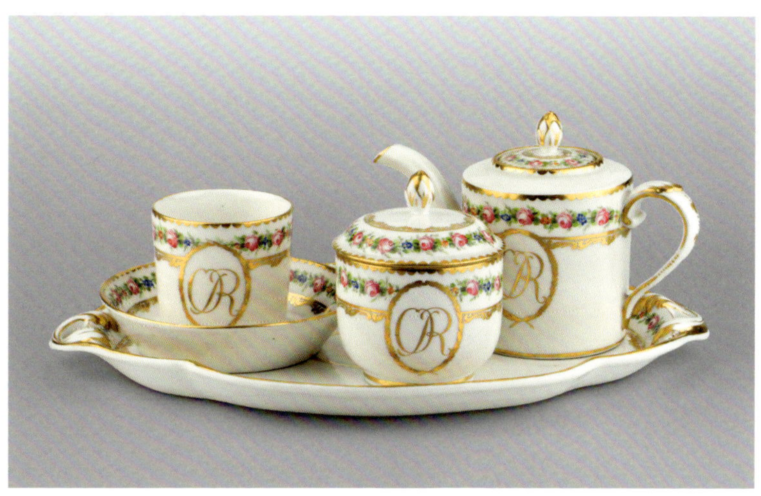

Porzellanfabrik Nyon (1781–1813),
sogenanntes Solitär-Teeservice
mit Monogramm „OR", um 1790,
Foto: Roland Blaettler

DORÉ | VERGOLDET

Vincent Lieber | Conservateur du Château de Nyon

Quand Harald Theiss m'a parlé de l'exposition qu'il préparait sur le thème du doré dans l'art contemporain, il a immédiatement retenu toute mon attention. Depuis longtemps, le Château de Nyon organise des expositions où se mêlent art ancien et art contemporain, et l'idée de faire résonner l'or ancien et moderne s'est immédiatement imposée à mon esprit, notamment parce que le thème du doré est étroitement lié à la porcelaine réalisée à Nyon entre 1781 et 1813 et que nous célébrons dans une nouvelle présentation installée au premier étage du château depuis 2020.

En effet, l'or qui décorait la porcelaine – sous forme de bordures, de guirlandes ou de rinceaux – a servi à magnifier ce matériau, conférant encore plus d'éclat à ce qu'on appelait bien souvent l'«or blanc», trésor du Siècle des Lumières. Aujourd'hui nous montrons, répartis sur deux étages et à deux siècles et demi de distance, des œuvres qui témoignent à leur manière de cette attirance pour l'or utilisé depuis toujours pour magnifier et embellir toute œuvre (et dont le roi Midas, par son avidité excessive, pâtit).

Les œuvres anciennes et actuelles ne sont ici pas mêlées dans la même exposition, à l'exception du service en porcelaine de Nyon arborant les initiales «OR» (les initiales d'un mystérieux – ou d'une mystérieuse – propriétaire, à moins qu'on choisisse d'y voir une référence emphatique au matériau de la dorure). Il est vrai que nous avons présenté de nombreuses expositions en ces lieux, où artefacts anciens et œuvres contemporaines étaient mises en relation: dans «Un bal masqué, XVIIIe siècle et art contemporain», en novembre 2017, des caracos de soie brochée jaune or du XVIIIe siècle dialoguaient avec des gilets de Versace ou de Westwood, des toiles de Jan de Vliegher illustraient des porcelaines anciennes de Nyon ou de Chine, un buste de Christian Gonzenbach montrait une Marie-Antoinette, reine de France, retournée littéralement comme un gant et irisée d'un engobe métallique, des images de Karen Knorr se mêlaient aux murs du château et le magnifique film de Yinka Shonibare MBE inspiré de l'opéra de Verdi «Un ballo in maschera» était projeté dans une salle, avec ses personnages vêtus de costumes inspirés du Siècle des Lumières. Plus tôt, l'exposition consacrée à Bouke de Vries (novembre 2014 à avril 2015) avait montré le travail résolument contemporain de cet artiste, notamment avec l'œuvre «War and

Pieces», composée de fragments de porcelaines anciennes revisités en de modernes compositions.

Dans le même esprit, l'exposition «Un été sicilien – Majoliques anciennes et art contemporain», (juin à octobre 2013) mélangeait des faïences anciennes de Sicile et les images de palais siciliens de Per Barclay se reflétant dans de vastes surfaces d'huile stagnante, sans oublier le fantastique film d'Isaac Julian illustrant aussi bien les fastes baroques du palais Gangi à Palerme, que la tragédie des migrants en Méditerranée.

Relevons que, pour notre plus grand plaisir et en parallèle à cette exposition nyonnaise, le Schloss Biesdorf, à l'est de Berlin, organise une sorte d'exposition jumelle. Berlin qui fut d'ailleurs la ville natale de Jacob Dortu, le créateur de la manufacture de porcelaines de Nyon (1781–1813) ! En effet, son grand père, originaire de France, protestant, avait quitté son pays suite à la Révocation de l'Edit de Nantes voulue par Louis XIV en 1685, poussé, comme nombre de Français, à s'établir en des contrées plus tolérantes, comme la Suisse des XIII cantons, les Pays-Bas ou la Prusse.

Tous mes remerciements vont donc à Harald Theiss, pour avoir proposé et composé cette exposition et à Karin Scheel, directrice artistique du Schloss Biesdorf pour sa collaboration au présent catalogue. Enfin, merci à tout le personnel du service de la Culture, à Nyon et aux collaborateurs et collaboratrices du Château de Nyon pour leur aide continue et, notamment, à Caroline Demierre Burri qui a grandement contribué à la mise en place de la présente exposition.

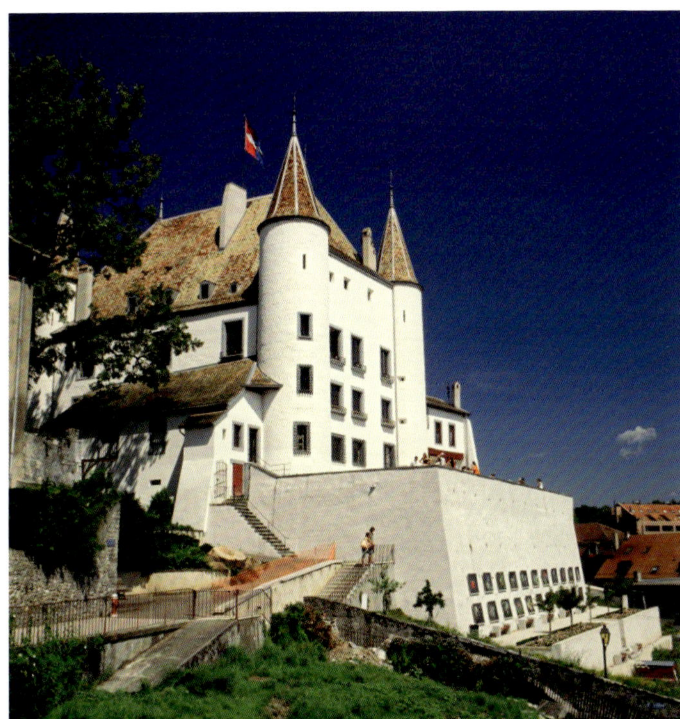

Vue du château de Nyon
Photographie Nicolas Spuhler, 2007

DORÉ | VERGOLDET

VON NEUEN ALLIANZEN UND VERSCHMELZUNGEN

Harald F. Theiss | Kurator der Ausstellung

Gegenstände sind in den meisten Fällen nur vergoldet. Das Vergolden ist seit der Antike ein geschätztes Handwerk, bei dem Objekte mit einer Goldschicht aus unterschiedlichen Farbmischungen und Legierungen versehen werden. Dabei spielten die Bedeutung des Anlasses und der Funktionsgebrauch historisch eine nicht unwesentliche Rolle: Die Objekte dienten der glanzvollen Dekoration, symbolisierten Wert und Prestige und wurden für religiös geprägte Handlungen eingesetzt. Echtes Gold wurde vor allem in der Malerei schon immer auch durch Farben ersetzt, denn, wie es bereits im 15. Jahrhundert Leon Battista Alberti in seiner Schrift *Über die Malerei* erklärte, „den Glanz des Goldes durch Farbe nachzuahmen", sei bewundernswerter als die Verwendung von realem Gold im Bild (…)."[1] In der Kunst des Mittelalters dagegen dienten noch goldene und lichtempfindliche Materialoberflächen aus Glas oder Edelsteinen zur Darstellung des immateriellen Jenseits. Der edle Naturstoff und die leuchtende Farbe Gold sind Mythos und Magnet zugleich. Menschen fühlen sich bis heute davon angezogen. Seine Omnipräsenz provoziert und verführt noch in der gegenwärtigen Kunst zu unterschiedlichen Aktionen und Reflexionen (auch) jenseits von gesellschaftlichen Utopien und goldenen Zeiten. Gold bleibt allgegenwärtig und ist dadurch mehr als nur ein kostbares Material. Die komplexe und vielschichtige Faszination ist geblieben. „Gold", „Gelb", „Geld" ist in der animierten Arbeit *Verirrungen* (2015) von Claudia Kugler abwechselnd zu lesen – aber was genau erscheint als wertvoll und warum? Es sind vielmehr die Bedeutungen und Referenzen in den gegenwärtigen gesellschaftspolitischen und ökonomischen Systemen, auf die mit künstlerischen Mitteln kritisch oder auch ironisch spielerisch Bezug genommen wird. Friedrich Nietzsches Satz von der Umwertung aller Werte prägt bis heute den Diskurs über unterschiedliche Wertesysteme in einer globalisierten Weltgemeinschaft.[2]

1 nach Monika Wagner, *Das Material der Kunst. Eine andere Geschichte der Moderne*, München 2013, S. 17.

2 vgl. Friedrich Nietzsche, *Umwertung aller Werte*, München 1977.

Ist die wiederkehrende Hinwendung zu einem eher traditionsaufgeladenen Material in der zeitgenössischen Kunst der Versuch, das Edelmetall vom historischen Erbe, von Prunk und Pathos zu befreien? Soll damit die Bedeutung, dass nicht alles was glänzt, aus Gold ist, überprüft werden, indem der stets begehrte und glänzende Werkstoff in andere Zusammenhänge übertragen oder verschoben wird, um in seiner materialüberschreitenden und universell bleibenden Verständlichkeit, zwischen Krise und Kitsch, alte Allianzen erneut zu hinterfragen und sie gleichzeitig mit neuen Verschmelzungen zu überschreiben?

Mit DORÉ | VERGOLDET werden künstlerische Reaktionen zusammengetragen, die mit dem Werk-, aber auch Farbstoff in Verbindung gebracht werden, und so bestimmte thematische Zusammenhänge beleuchtet. Dabei geht es weniger um Materialfetischismus oder Techniken, sondern vielmehr darum, mit künstlerischen Äußerungen und Interpretationen ganz unterschiedliche Assoziationsräume zu aktivieren und kritisches Denken anzustoßen. Viele Titel der ausgestellten Werke verweisen und zitieren Gold als Wertprodukt mit seinen historischen, aber auch weitergedachten (persönlichen) Verbindungen in einer rationalen Welt mit irrationalen Handlungen: *Some people think the past is golden* bei Philip Topolovac oder *A Map of Good Memories* bei Stéphanie Saadé und *Imagine Gold* bei Ruth Campau, während Andréas Lang *Goldene Zeiten* in der Gegenwart festhält. Andere Arbeiten wie *Begehren* von Frauke Wilken, *Immobilien* von Luka Fineisen und *Trophy for Waving When Being Waved at* von Sebastian Neeb oder auch *Silenced with Gold* von David Krippendorff bilden eigene Narrative, ebenso *BRD, Rauhfaser, gold* von Karin Sander, *Schwarzes Gold* von Alicja Kwade und die Installation *Beauteousness* von Eckart Hahn, um an dieser Stelle nur einige zu nennen.

Über eine lose, aber dennoch verbindende Zusammenstellung der Kunstwerke ergeben sich mit der Auswahl der beiden Ausstellungsorte, Château de Nyon in der Schweiz und Schloss Biesdorf bei Berlin, nicht nur unerwartete Verbindungen mit dem Vorgefundenen, sondern auch mit der im kollektiven Gedächtnis

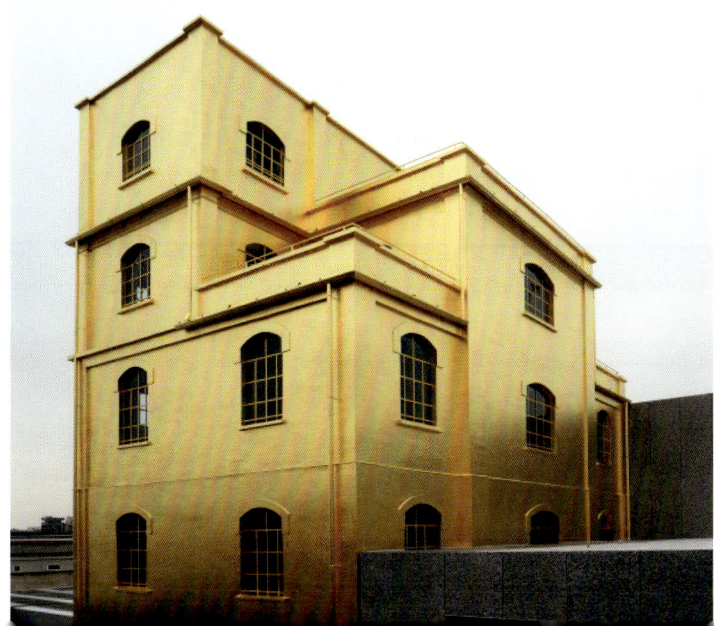

Blattvergoldeter Fetisch:
das „Geisterhaus der Stiftung",
Foto: Bettina Schürkamp

verankerten, historisch aufgeladenen Vergangenheit von Schlossbauten. Schlösser und ihre Geschichte(n) begeistern und beschäftigen die Menschen auf ganz unterschiedlichen Ebenen und mit weitreichenden Bezügen und Handlungen bis in die Gegenwart. Als Baudenkmäler sind sie heute nicht nur Kulturerbe und werden häufig als Museum genutzt, sondern sind auch Häuser, in denen zum Teil immer noch politische und repräsentative Entscheidungen getroffen werden. Neben der zumeist prachtvollen Baukunst sind vor allem die kostbaren Gegenstände, Kleinskulpturen und Miniaturen als historisches Inventar von Schlössern im kulturellen kollektiven Gedächtnis verankert. Heute sind diese Objekte einerseits bedeutend für die Forschung und andererseits begehrte Artefakte aus vergangenen Zeiten mit zunehmend spekulativem Wert und streitigen Besitzansprüchen geworden. Damit wird eine Neuordnung der Dinge in Gang gesetzt und über Korrekturen von historischen Fehlern und Ungerechtigkeiten nachgedacht. Gleichzeitig werden Schlösser wieder rekonstruiert und auch beim Bau anderer Gebäude wird der Baustil von Schlössern mit oder ohne Referenz an goldene Zeiten nachgeahmt oder sogar eine ganze Fassade vergoldet.[3]

Anders als das Kunsthandwerk des Vergoldens, welches heute vorwiegend bei der Restaurierung alter Kunstwerke und Architekturen sowie bei der Herstellung von Bilderrahmen und der Buchgestaltung zum Einsatz kommt, werden die Räume nach Goldrauschen der Vergangenheit von den Künstler:innen durch diese Ausstellung mit vorwiegend wertlosen Alltagsgegenständen, Flächen und sonstigen genormten Materialien aus der Bauindustrie erneut „vergoldet". In der Tradition des Readymade werden sie in einen anderen Bedeutungskontext gesetzt. Gold wird augenscheinlich nicht nur entmaterialisiert, sondern auch imitiert oder zu einer Illusion aufgebaut. Über die unterschiedlichen Veredlungsprozesse bekommen die einfachsten Dinge eine andere Werthaftigkeit zugesprochen. Mit Materialüberlagerungen und Farbschichtungen findet nicht nur eine materielle Um- oder Neuwertung, sondern auch eine moralische Neubewertung statt.

Nur was bleibt, ist oder wird goldwert?

Die Arbeiten dieser Ausstellung reflektieren mit echtem und künstlichem Gold über alte und neue Allianzen und gesellschaftliche Transformationsprozesse zwischen Kommunikation und Identifikation. Es verschieben sich die klischeehaften Zitate und Bedeutungsebenen von Gold(en), ohne jedoch Geschichte zu überschreiben. Vor allem die Ewigkeit und Haltbarkeit von Gold wird infrage gestellt. Kritisch hinterfragt werden auch die Kapitalanlagen: Ist zum Beispiel vergoldete Kunst heute noch wertvoller und sind die glänzenden Pokale und Trophäen aus vergoldetem Metall bei gewachsenem Leistungsdruck

3 vgl. das „haunted house" in Blattgoldfassade im Gebäudeensemble der Fondazione Prada von OMA in Mailand auf S. 13.

Agnes Martin
Friendship, 1963
Blattgold auf Öl auf Leinwand
190,5 × 190,5 cm
© 2021 Estate of Agnes Martin /
Artists Rights Society (ARS),
New York

ethisch noch haltbar? Ist alles nur noch veredelte Illusion? Oder zeichnet sich in der Debatte und Entwicklung um den Materialismus, zwischen Protz und Luxus, doch noch ein individueller Wertewandel in einer verstärkt von Kapital und Besitz geprägten Gesellschaft mit ständig wachsender Wirtschaft und Verdiensten ab?

Bereits 1963 betitelte die Künstlerin Agnes Martin, die für ihre abstrakte Malerei bekannt ist, eins ihrer mit Blattgold gefertigten Bilder mit *Friendship*. Nach eigenen Aussagen beabsichtigte sie, beim Betrachten eine ausschließlich emotionale Reaktion hervorzurufen. Es war ihre lebenslange Suche nach Schönheit, Ruhe und Klarheit, die sie beschäftigte. Ihr künstlerischer Ausdruck ist an eine geistige Verbundenheit und Spiritualität gebunden und entsprang einer Mischung aus Ideen, die aus dem Zen-Buddhismus und dem amerikanischen Transzendentalismus hervorgingen, einer Bewegung des 19. Jahrhunderts, die die Kraft der Individualität und die Bedeutung der Natur betonte. Das Unbewusste sollte sichtbar gemacht werden. *Friendship* ist eine innere Erfahrung, experimentiert mit Sehgewohnheiten und soll ein Gefühl sichtbar machen, das man sonst nur spürt oder als etwas Emotionales wahrnimmt. „Der Wert von Kunst liegt im Betrachter. Wenn du herausfindest, was dir gefällt, so erfährst du eigentlich etwas von dir selbst. (...) Menschen, die meine Malerei betrachten, sagen, es mache sie glücklich, so wie das Gefühl, wenn du am Morgen aufwachst. Und Glück ist das Ziel, nicht wahr?"[4]

4 Agnes Martin zitiert in Tiffany Bell, „Glück ist das Ziel", in: *Agnes Martin*, hrsg. von Morris Frances, Ausst.-Kat. Kunstsammlung Nordrhein-Westfalen K20, München 2015, S. 31.

DORÉ | VERGOLDET ist der Versuch einer fragmentarischen Revision über den Umgang mit dem Edelmetall mit künstlerischen Mitteln. Die Ausstellung will das veränderte Verhältnis zum (Farb-)Werkstoff und die Verschmelzungen und Umdeutungen der vergangenen Jahre sowie die damit verknüpfte Symbolkraft und seine Wertvorstellungen reflektieren. Gleichzeitig wird hinter die veredelten Flächen und Gegenstände der ausgestellten Kunstwerke mit ihren goldenen Lichteffekten geschaut, bei denen es nicht unbedingt nur um luxuriöse Repräsentanzen und Reichtum geht. Oder ist diese magische Beziehung zu den blendenden und scheinbar (oder tatsächlich) hochwertigen goldenen Dingen immer noch von Bedeutung? Möglicherweise sind sie heute nur zu anderen Synergien und Sinnbildern geformt, die zu neuwertigen macht- und marktrelevanten Erkennungszeichen von Vermögen verformt sind, weil GOLD alle verstehen?

VERGOLDET | DORÉ
RECONTEXTUALISER L'ATTRAIT DE L'OR

Harald F. Theiss | Commissaire de l'exposition

Les objets « en or » sont le plus souvent dorés. La technique du dorage, prisée depuis l'Antiquité, consiste à appliquer sur les supports de minces couches d'or de divers alliages et couleurs. Cet « ennoblissement » entretenait un lien étroit avec l'usage auquel était destiné l'objet – des manifestations de richesse et prestige aux contextes religieux. Le vrai or était aussi remplacé, notamment dans la peinture, par certaines couleurs et, comme l'expliquait déjà au XVe siècle, dans *De la peinture*, Leon Battista Alberti, imiter l'éclat de l'or grâce à la couleur « est plus admirable qu'utiliser de l'or véritable[1] ». L'art médiéval, au contraire, recourait aux matériaux étincelants comme l'or, le verre et les pierres précieuses pour représenter l'au-delà immatériel. L'or – en tant que métal précieux et couleur éclatante – est un mythe et un aimant qui a toujours attiré les humains. Son omniprésence même dans l'art contemporain entraîne diverses actions et réflexions allant (elles aussi) « au-delà » des utopies sociales et des âges d'or. L'or est plus qu'un simple matériau précieux. Il n'a rien perdu de sa fascination. L'installation animée *Verirrungen* (*Aberrations*) de Claudia Kugler (2015) fait lire en alternance « Gold, Gelb, Geld » (or, jaune, argent) – mais qu'est-ce qui apparaît comme précieux et pourquoi ? Les artistes s'attachent avant tout à cerner les significations et références présentes dans les systèmes sociopolitiques et économiques actuels – sous un angle critique ou ironique et ludique. La notion nietzschéenne de renversement des valeurs continue à marquer le discours actuel sur les divers systèmes dans une communauté mondiale globalisée[2].

L'intérêt que les artistes contemporains continuent à porter à ce matériau auréolé de tradition est-il une tentative de le libérer de son héritage historique, de son faste ostentatoire, de son pathos pesant ? S'agit-il de réexaminer l'adage « tout ce qui brille n'est pas en or », en inscrivant le métal précieux dans de nouveaux contextes – afin de le réinterroger sous son aspect immatériel et universel, entre crise et kitsch, pour remettre en question d'anciennes alliances et écrire par-dessus de nouvelles fusions ?

1 Monika Wagner, *Das Material der Kunst, Eine andere Geschichte der Moderne*, p. 17, C. H. Beck, 2013.

2 Voir Friedrich Nietzsche, *Umwertung aller Werte*, dtv, 1977.

DORÉ | VERGOLDET réunit des gestes artistiques tournant autour de l'or en tant que matériau, ou couleur, et éclairant par ce biais certains rapports thématiques. L'accent n'est pas mis sur le fétichisme de la matière ou les techniques. Les œuvres exposées visent plutôt à susciter des associations très diverses et à mobiliser ainsi l'esprit critique. De nombreux titres renvoient à l'or en établissant avec lui des liens historiques, mais aussi des rapports (personnels) plus réfléchis et fouillés, dans un monde rationnel marqué par des actes irrationnels – *Some people think the past is golden* (*Certains pensent que le passé est d'or*) de Philip Topolovac, *A map of golden memories* (*Une carte de souvenirs en or*) de Stéphanie Saadé et *Imagine Gold* (*Imagine l'or*) de Ruth Campau –, tandis que *Goldene Zeiten* (*Âges d'or*) d'Andréas Lang s'accroche au présent. D'autres travaux comme *Begehren* (*Désir*) de Frauke Wilken, *Immobilien* (*Biens immobiliers*) de Luka Fineisen et *Trophy for Waving When Beeing Waved at* (*Trophée pour répondre à un salut*) de Sebastian Neebs, ou encore *Silenced with Gold* (*Réduit au silence par l'or*) de David Krippendorf, adressent au public leur propre narration, tout comme *BRD, Rauhfaser, gold* (*Or ingrain*) de Karin Sander, *Schwarzes Gold* (*Or noir*) d'Alicja Kwade et l'installation *Beauteousness* (*Beauté*) d'Eckart Hahn, pour n'en citer que quelques-uns. Grâce à un regroupement assez lâche, mais permettant des connexions, le choix des deux lieux d'exposition – le château de Nyon, en Suisse, et celui de Biesdorf, près de Berlin – ne fait pas seulement surgir des associations inattendues avec le Connu, ou sa représentation ; il éveille également dans la conscience des liens avec un riche passé ancré dans la mémoire collective. Les châteaux et leur(s) histoire(s) n'ont cessé de passionner et occuper les humains à des niveaux très divers. En tant que monuments historiques, ils constituent aujourd'hui non seulement un héritage culturel, utilisé pour abriter des musées, mais aussi des lieux au sein desquels on continue à prendre des décisions politiques marquantes. Outre leur architecture le plus souvent magnifique, ils s'inscrivent dans la mémoire collective avant tout grâce à leurs précieux objets, petites sculptures et miniatures hérités de la tradition. Ces artefacts, importants pour la recherche, se sont également imposés aujourd'hui comme des témoins très appréciés des époques passées, avec une valeur spéculative à la hausse et des droits de propriété disputés. Autant d'éléments ayant permis de procéder à une réorganisation des choses et de réfléchir à une démarche de correction des erreurs et injustices historiques. Dans le même temps, des châteaux sont reconstruits. Ailleurs, on se contente d'imiter leur style architectural de manière efficace et prestigieuse, au-delà d'un historicisme ambiant, avec ou sans référence aux âges d'or. Parfois surgissent aussi des façades entièrement dorées[3].

Contrairement à la technique ancestrale des doreurs, utilisée avant tout pour la restauration d'œuvres d'art et d'architectures anciennes, ainsi que pour la fabrication de cadres et la réalisation de livres, les artistes de cette exposition – à l'heure où les ruées vers l'or font partie du passé – ont choisi pour supports de leur propre « dorage »

3 Voir la *Haunted House* avec façade en feuille d'or sur le site de la Fondazione Prada de OMA, Milan (Italie).

essentiellement des objets ordinaires sans valeur et autres matériaux standardisés issus de l'industrie du bâtiment. Dans la tradition du « ready-made », ces objets sont convoyés et traduits au sein d'un nouveau contexte sémantique. L'or est à l'évidence dématérialisé, mais aussi simplement imité – ou imaginé. Grâce aux divers processus d'ennoblissement, les choses simples se voient attribuer un autre degré de valeur. Des superpositions de matériaux et stratifications de couleurs débouchent non seulement sur une réévaluation, mais aussi sur une revalorisation (morale). Ensuite, ce qui reste vaut-il vraiment de l'or ? A l'aide d'or véritable et artificiel, les œuvres offrent une réflexion sur les anciennes et nouvelles alliances et transformations sociales, entre communication et identification. Elles font bouger les citations stéréotypées et niveaux de signification de l'or (des ors), sans pourtant réécrire l'histoire. Elles remettent en cause, avant tout, les notions d'éternité et de durabilité. La dimension liée à l'investissement financier est, elle aussi, interrogée avec un regard critique. L'art doré, par exemple, est-il aujourd'hui encore plus précieux ? Les rutilants trophées et coupes en métal doré sont-ils encore tenables sur le plan éthique face à une pression à la performance de plus en plus forte ? Tout n'est-il désormais qu'illusion « ennoblie » ? Ou se dessine-t-il encore, dans le débat et les évolutions autour du matérialisme, entre frime et luxe, un changement de valeurs personnel – au sein d'une société toujours plus axée sur le capital et la propriété, avec une économie et des revenus en croissance constante ?

En 1963, l'artiste Agnes Martin, connue pour sa peinture abstraite, intitulait déjà *Friendship* (*Amitié*) l'un de ses tableaux à la feuille d'or. D'après ses dires, elle cherchait à provoquer chez le spectateur une réaction purement émotionnelle. Ce qui l'occupait était sa propre quête incessante de beauté, de calme et de clarté. Son expression artistique – empreinte de communion

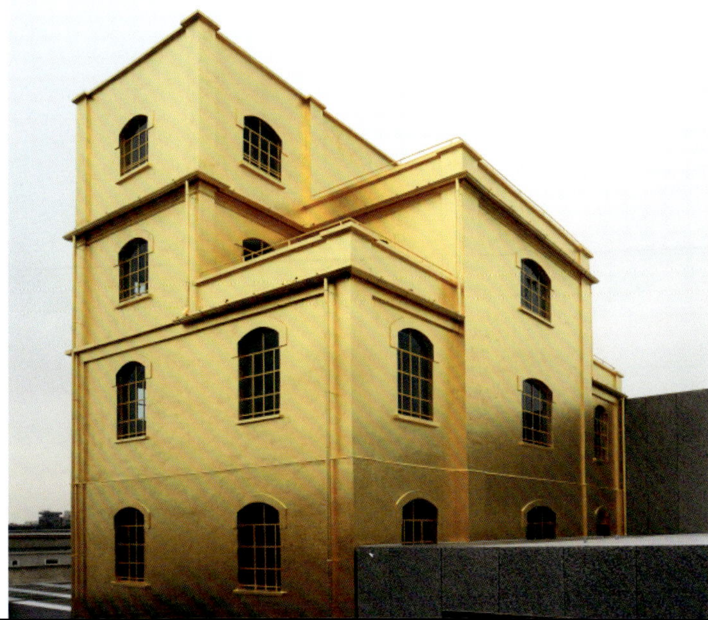

Fétiche doré : La maison
fantôme de la fondation.
Photo: Bettina Schürkamp

Agnes Martin
Friendship, 1963
Feuille d'or sur huile sur toile
190,5 × 190,5 cm
© 2021 Estate of Agnes Martin /
Artists Rights Society (ARS),
New York

spirituelle – prend sa source dans un mélange d'idées issu du bouddhisme zen et du transcendantalisme, un mouvement du XIXe siècle soulignant la puissance de la personne et l'importance de la nature. Rendre visible l'inconscient. *Friendship* constitue une expérience intime, jouant avec les habitudes visuelles, qui « donne à voir » un sentiment – sans cela uniquement perceptible sur le plan émotionnel. « La valeur de l'art se trouve dans le spectateur. En découvrant ce qui nous plaît, on apprend quelque chose de soi-même (…) Ceux et celles qui regardent ma peinture disent que cela les rend heureux, comme lorsqu'on se réveille le matin. Et le bonheur n'est-il pas le but ?[4] »

L'exposition DORÉ | VERGOLDET tente – par le biais de moyens et stratégies artistiques – de dresser une sorte d'inventaire fragmentaire des approches du métal précieux, des nouveaux rapports avec le matériau/couleur « or » et des nouvelles fusions et réinterprétations récentes – ainsi que des valeurs qui leur sont étroitement attachées. Elle invite dans le même temps à aller voir derrière les surfaces ennoblies, derrière les objets à l'éclat doré qui ne sont pas forcément liés à des représentations de luxe et de richesse. Cette relation magique avec les objets brillants et apparemment précieux en or a-t-elle toujours aujourd'hui une importance déterminante ? Et n'assiste-t-on pas simplement à l'émergence d'autres synergies et symboles prenant forme en tant que nouveaux marqueurs de fortune, liés au marché et au pouvoir, parce que tout le monde comprend l'O R ?

[4] Agnes Martin citée dans Tiffany Bell, *Glück ist das Ziel*, catalogue, Agnes Martin, p. 31.

Mit ihren Installationen, Objekten und Objets Trouvés baut die Künstlerin Andrea Winkler ortsspezifische Szenarien, in denen die körperliche Erfahrung eine wesentliche Rolle spielt. Ihre sogenannten Ding-Collagen gehen im Ausstellungsraum neue und unerwartete Verbindungen ein – sie reagieren unmittelbar auf die Umgebung. Mit zum Teil symbolisch aufgeladenen Alltagsgegenständen entstehen temporäre Bühnen und Choreografien: Das Publikum wird mit neuen Wahrnehmungen und Zusammenhängen konfrontiert. Es öffnen sich Assoziationsräume, die diffuse Stimmungsbilder zwischen Abwesenheit, Verlust, aber auch Faszination hervorrufen. Ihre Arrangements wirken wie nachgestellte Szenarien archäologischer Fundstücke der Gegenwart. Als eine Art Zeugin sammelt sie diese ein, um über eine hybride Ästhetik Geschichten zu verorten, weiter zu erzählen oder augenblicklich neu zu erfinden. Die Künstlerin hinterfragt unser Verhalten und Verhältnis zu Ordnung und Sicherheit, Konsum und Produktion und damit zu gegenwärtigen gesellschaftlichen Gestaltungsprozessen. Sie verfremdet die inzwischen allseits vertrauten Absperrvorrichtungen, die unser Verhalten nicht nur im öffentlichen Raum bestimmen, uns regulieren und zwingen, uns in kontrollierte Abläufe einzuordnen. Die von der Künstlerin veredelte und auf Hochglanz polierte Oberfläche von Absperrständern suggeriert verstärkt Exklusivität (*Short Lets Considered* (SBU), 2021). Auch die verformte goldene Handtasche (*BAGS #3*, 2015), die ihr Innenleben nach Außen kehrt, erzeugt eine aggressive Spannung – ein spekulatives Moment aus Fragen und Wahrnehmung, möglicherweise mit Hinweisen und (subversiven) Handlungsanweisungen, nachdem sie scheinbar den glamourösen Kultstatus und die erkennbare soziale Zugehörigkeit verloren hat. Mit einer abweichenden Alltagsästhetik verweist Winkler nicht nur auf die materiellen Dinge einer Konsumwelt, die uns umgibt, sondern auch auf fragile Zustände und den Wandlungsprozess in der Gesellschaft.

Avec ses installations, éléments et objets trouvés, l'artiste construit des scénarios spécifiques au lieu dans lesquels l'expérience physique joue un rôle essentiel. Ses soi-disant collages de choses forment des liens nouveaux et inattendus dans l'espace d'exposition – ils réagissent directement à l'environnement. Par exemple, des objets du quotidien chargés symboliquement créent des scènes et des chorégraphies temporaires : le public est confronté à de nouvelles perceptions et à de nouveaux contextes. Des espaces d'associations s'ouvrent, évoquant des images d'ambiance diffuses entre absence, perte, mais aussi fascination. Ses arrangements ressemblent à des reconstitutions de découvertes archéologiques contemporaines. Comme une sorte de témoin, elle les « collectionne » afin de situer des histoires à travers une esthétique hybride, de continuer à les raconter ou de les réinventer instantanément. L'artiste remet en question nos comportements ainsi que nos relations entre ordre et sécurité, consommation et production et donc les processus actuels de conception sociale. Elle aliène les barrières désormais familières qui non seulement déterminent notre comportement dans l'espace public, nous réglementent et nous obligent aussi à nous intégrer dans des processus contrôlés. La surface du support de barrière, raffinée et polie par l'artiste, suggère davantage l'exclusivité (*Short Lets Considered* (SBU) 2021). Le sac à main doré déformé (*BAGS #3*, 2015), qui extériorise sa vie intérieure, crée également une tension agressive - un moment spéculatif fait de questions et de perception, éventuellement avec des indices et des instructions (subversives) d'action, cela après avoir donné l'impression d'atteindre le glamour : en quelque sorte une affiliation sociale reconnaissable. Avec une esthétique quotidienne différente, Andrea Winkler fait non seulement référence aux choses matérielles d'un monde de consommation qui nous entoure, mais aussi aux conditions de fragilité et au processus de transformation de la société.

Andrea Winkler
Short Lets Considered (SBU), 2021
Verschiedene Kontrollsysteme, variabel
Divers systèmes de contrôle des foules

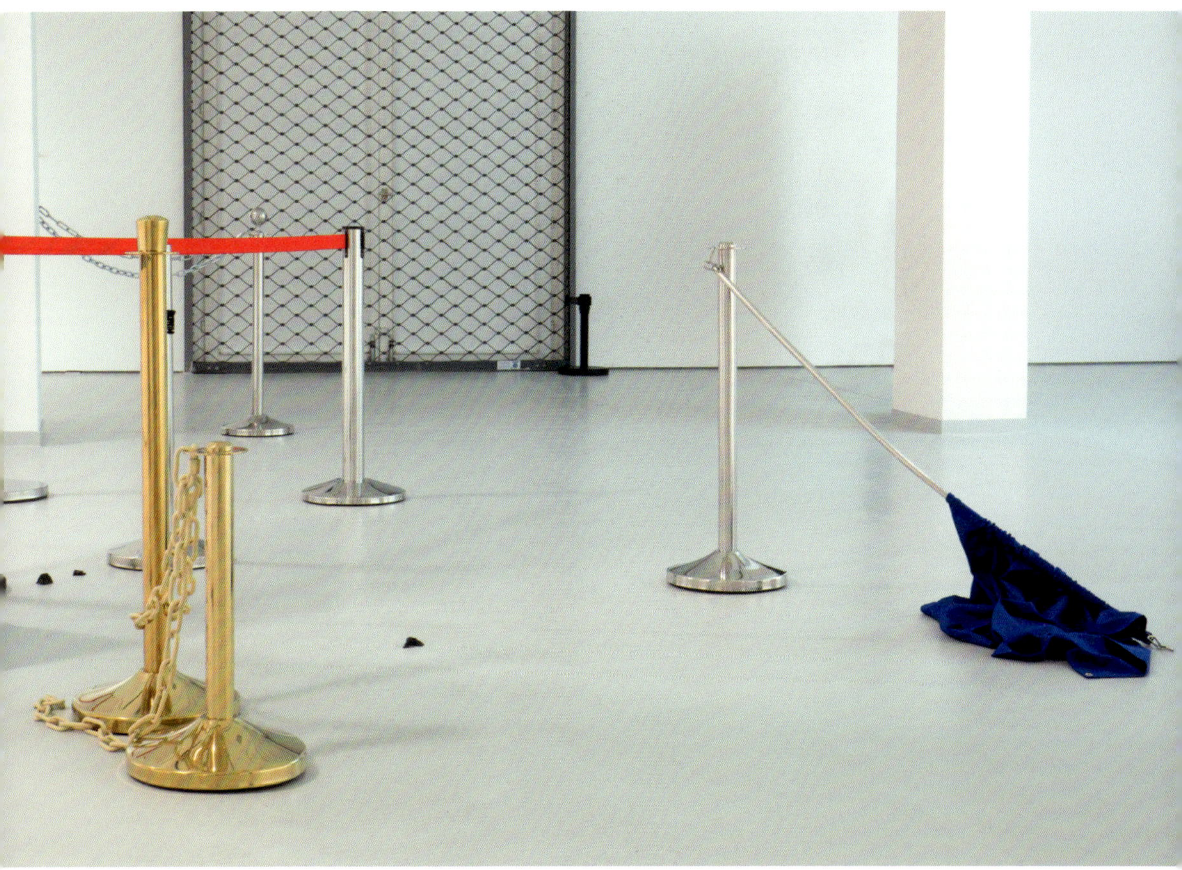

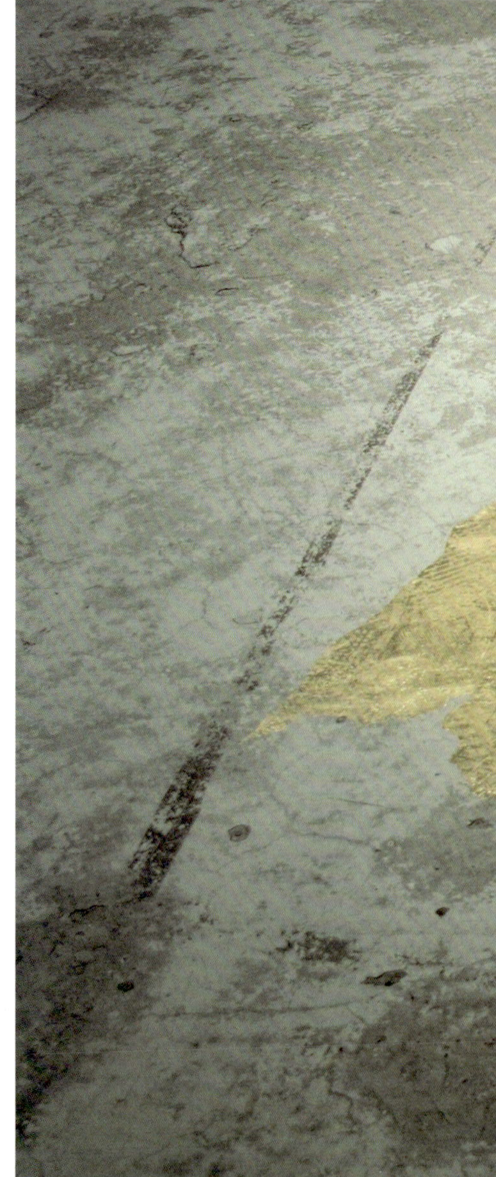

Stéphanie Saadé
A Map of Good Memories, 2015
Bodeninstallation, Blattgold 24 Karat
Feuille d'or 24 carats au sol
300 × 150 cm

STÉPHANIE SAADÉ

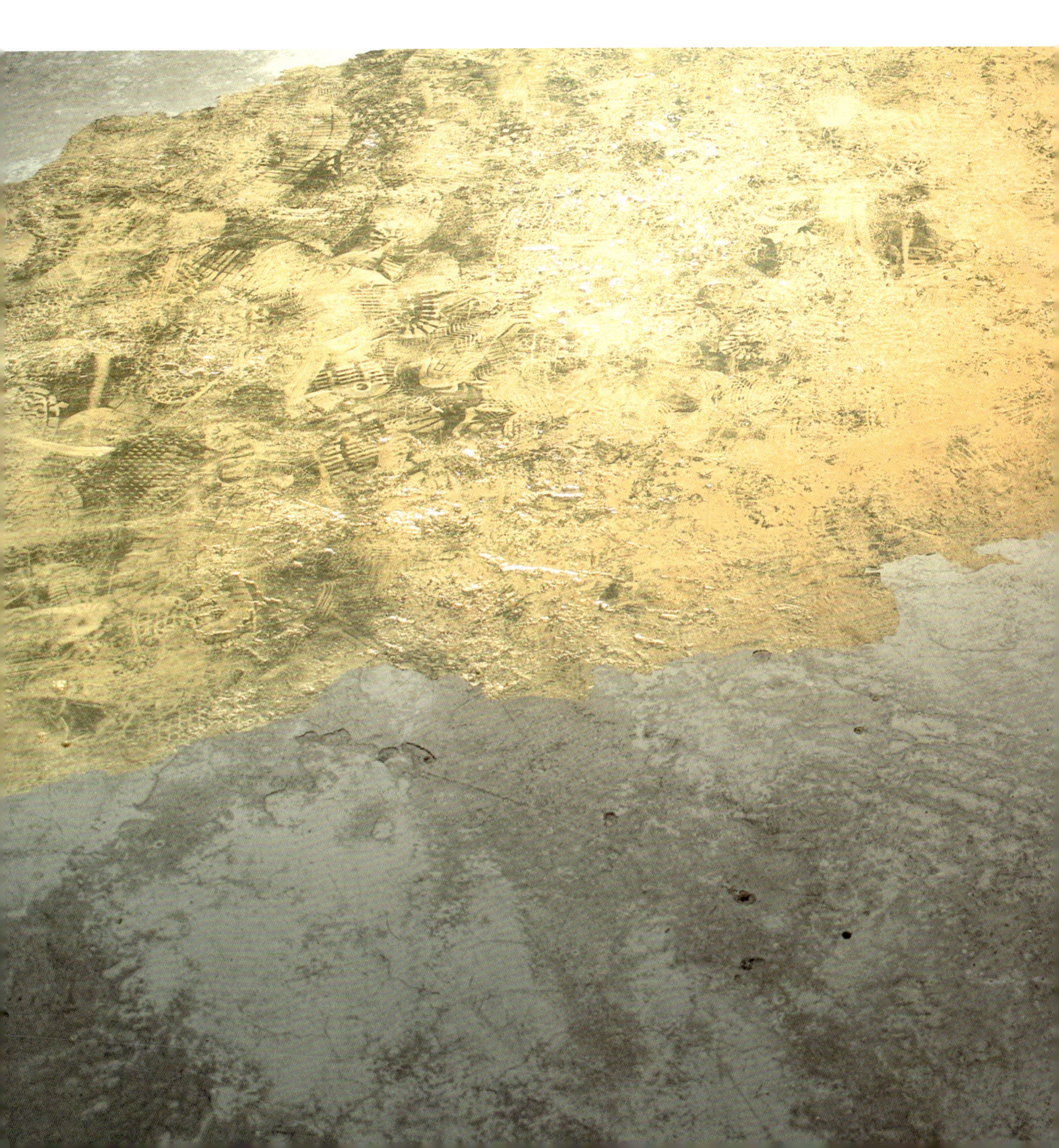

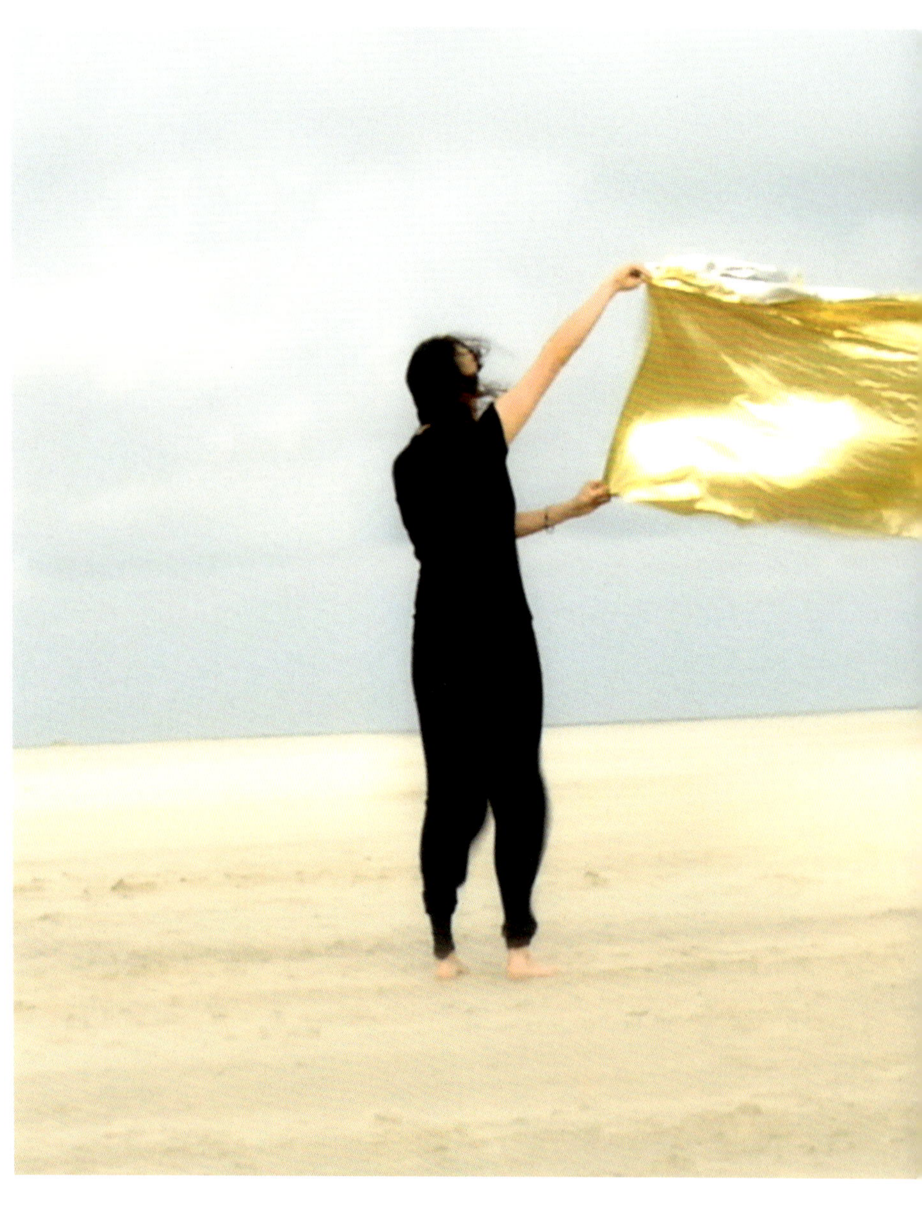

Johanna Reich
Virgin's Land, 2019
Video loop, 4K, 1:40 min
Boucle vidéo, 4K, 1'40 min

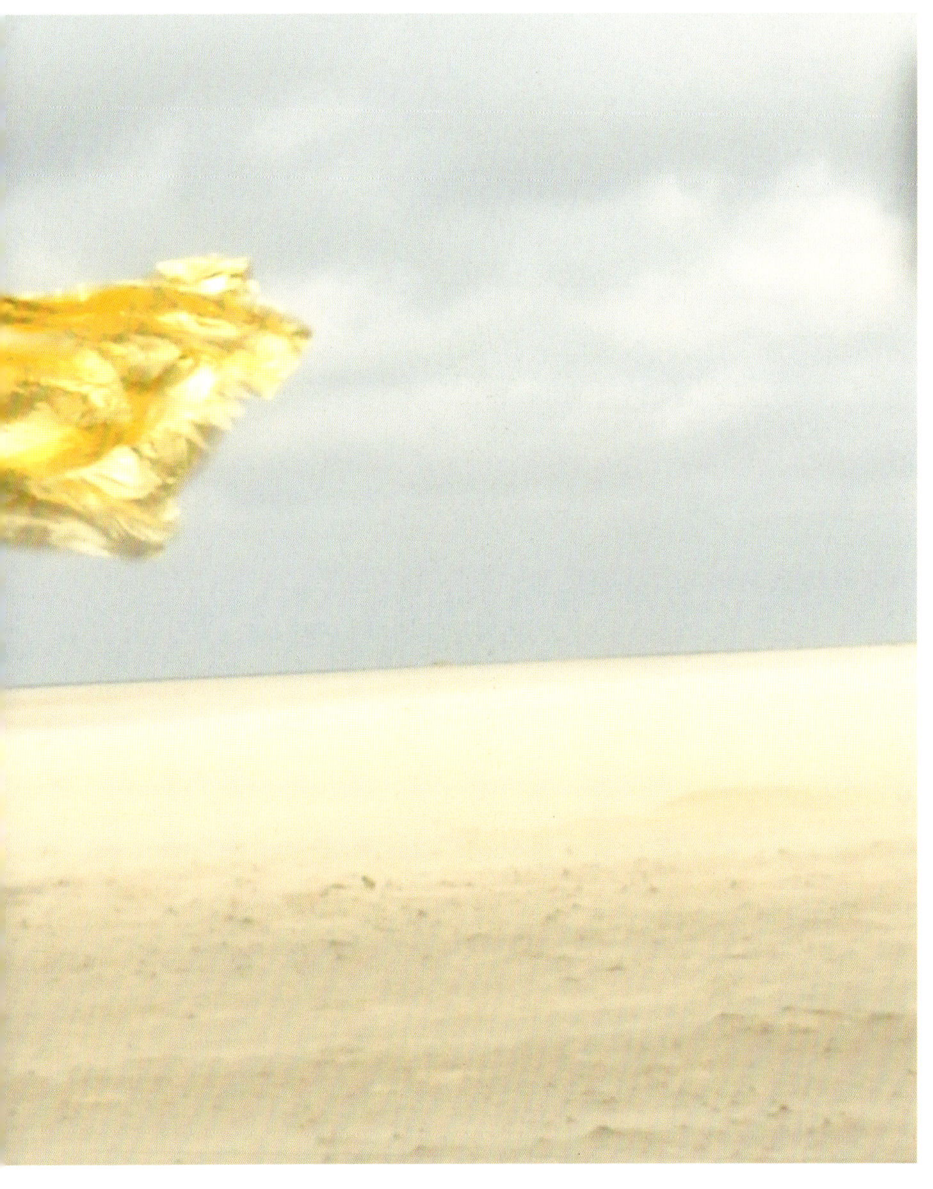

Johanna Reich

Die Medienkünstlerin beschäftigt sich in ihren Arbeiten mit der Frage nach dem Verhältnis von Realität, Bild und Abbild und untersucht den Einfluss Neuer Medien auf unsere Wahrnehmung, unser Denken und Handeln. Für ihre performativen Arbeiten verwendet sie unterschiedliche Reproduktionstechniken, experimentiert mit digitalen Technologien und nutzt aktiv den öffentlichen Raum als Projektionsfläche. Sie beschäftigt sich mit sozialgesellschaftlichen Bedingungen, existenziellen Themen und Fragen nach normativen Identitäten und Strukturen. In ihren Arbeiten verbindet die Künstlerin Fotografie, Film und Performance mit Malerei oder Skulptur.

Die großformatige Videoarbeit *Virgins Land* (2019) zeigt die Künstlerin selbst an einem menschenleeren Strand. Mit dem Rücken zur Kamera hält sie mit ausgestreckten Armen eine goldene Rettungsdecke, die im Wind wie eine Fahne weht. Das stark reduzierte Bild erlaubt Raum für vielfältige Assoziationen und Bedeutungen. Die Künstlerin selbst verweist auf die Land-Art-Experimente der deutschen Zero-Künstler, konkret das *Sahara*-Projekt von Heinz Mack aus den 1950/60er Jahren, in dem ein fremder Raum mit seiner unbegrenzten Freiheit erkundet wird. Die Szenerie in *Virgins Land* erscheint auf den ersten Blick surreal. In einer scheinbar noch unbeschriebenen Landschaft und im reflektierenden Licht wirkt die glänzende Fahne wie ein Signal und ist gleichzeitig solidarische Geste. Als Rettungsdecke identifizierbar kann sie für Menschen in Not über Leben und Tod entscheiden. Als goldene Fläche im Bild verweist sie traditionell auf materielle Erhabenheit und das Überirdische gleichzeitig. Während Johanna Reich in einigen ihrer früheren Videos durch neutrale Kleidung bewusst androgyn erscheint, wird sie hier als Protagonistin erkennbar – ein weiblicher Blick aus der Gegenwart in die noch ungeklärte Zukunft: hoffnungsvolle Aussicht oder vorerst nur ein Zeichen für einen denkbaren Neuanfang?

Dans ses travaux, l'artiste en arts médiatiques s'intéresse à la question de la relation entre réalité, image et représentation et étudie l'influence des nouveaux médias sur notre perception, nos pensées et nos actions. Pour ses œuvres performatives, elle utilise différentes techniques de reproduction, expérimente les technologies numériques et utilise activement l'espace public comme surface de projection. Elle y questionne les conditions sociales et sociétales, les thèmes existentiels et les questions sur les identités et les structures normatives. Dans ses travaux, l'artiste associe la photographie, le film, la performance avec la peinture ou la sculpture.

L'œuvre vidéo grand format *Virgins Land* (2019) présente l'artiste sur une plage déserte. Dos tourné à la caméra, elle tient dans ses mains et bras tendus une couverture de survie dorée flottant au vent comme un drapeau. L'image fortement réduite laisse la place à diverses associations et significations. L'artiste elle-même fait référence aux expériences Land Art des artistes allemands Zero, en particulier au projet *Sahara* de Heinz Mack des années 1950 – 60, dans lequel un espace étranger est exploré avec sa liberté illimitée. Le décor de *Virgins Land* semble surréaliste à première vue. Dans un paysage apparemment encore vierge et sous la lumière réfléchissante, le drapeau brillant agit comme un signal et constitue en même temps un geste de solidarité. Identifiable comme une couverture de survie, elle peut faire la différence entre la vie et la mort, pour les personnes en détresse. En tant que zone dorée de l'image, elle fait traditionnellement référence à la fois à la grandeur matérielle et au surnaturel. Alors que dans certaines de ses vidéos précédentes, Johanna Reich est délibérément androgyne en raison de ses vêtements neutres, elle est reconnaissable ici en tant que protagoniste - un regard féminin du présent vers un avenir encore incertain : une perspective pleine d'espoir ou, pour l'instant, juste un signe d'un nouveau départ envisageable ?

Olivia Berckemeyer

Handwerklich meisterlich-eigenwillig modelliert die Künstlerin unterschiedliche Materialien, vorwiegend Bronze und Porzellan, oder vergoldet mitunter beliebte Gebrauchsgegenstände. Es handelt sich sowohl um figürliche Darstellungen als auch abstrakte Formen. Damit zitiert und aktualisiert sie auf eine zum Teil ironische Art und Weise die klassischen Miniaturen und Kleinskulpturen – einige davon behalten weiterhin ihre ornamentale zur Schau gestellte Funktion, andere ihren alltäglichen Gebrauch nur mit veredeltem Äußeren. Die glänzenden Oberflächen ihrer Bronzen scheinen zu tropfen, als wären sie aus Wachs und würden nicht zwangsweise eine Zeitlosigkeit garantieren. Berckemeyers Gegenstände entwickeln eine eigene Symbolik zwischen künstlerischer Geste und neu aufgeladener Deutung, handelt es sich bei ihren jüngsten Arbeiten zum einen um begehrte „Must-have"-Konsumartikel, die gut zur Selbstdarstellung und damit Kommunikation nach außen geeignet sind (*I Phone*, 2019), zum anderen um Objekte mit einer politischen und gesellschaftsrelevanten Dimension mit gegenwärtig unterschiedlich begründeter Notwendigkeit: Bei *Horizont* (2013) mit einem scheinbar vielversprechenden Ausblick und hoffnungsvollen Erwartungen hinter dem Horizont oder bei *Memento Mori – Golden Mask* (2020/2021), wo die Deutung und das Bewusstsein der Vanitas unvorhersehbar aktualisiert ist. Luxus bekommt eine andere Bedeutungsebene zugeschrieben, bei der die Grenze zwischen angemessen und unentbehrlich neu verhandelt wird. Wird die Zukunft wieder golden?

Das universelle Streben nach Erfolg und Macht und deren Beständigkeit ist den letzten Jahrzehnten in vielen wohlhabenden Gesellschaften brüchig geworden. Als eine Metapher für den Wandel und Verfall kann *Zahn der Zeit* (2014) gesehen werden. Es stellt sich heute die Frage, ob die Zahnräder als einstiges Symbol für Fortschritt, Industrialisierung und Technik zunehmend ausgedient haben. Oder verschiebt sich nur ihre symbolische Gestaltung aus Verzahnung mit den gleichmäßigen Drehungen und linearen Bewegungen?

L'artiste modèle différents matériaux, surtout le bronze et la porcelaine, ou dore parfois des objets d'usage courant de manière magistrale et non conventionnelle. Il s'agit aussi bien de représentations figuratives que de formes abstraites. Ce faisant, elle cite et réactualise les classiques miniatures et petites sculptures d'une façon parfois ironique – certaines d'entre elles conservent leur fonction ornementale, d'autres leur usage quotidien, mais avec un aspect extérieur raffiné. Les surfaces brillantes de ses bronzes semblent couler comme si elles étaient en cire et ne garantiraient pas forcément l'intemporalité. Les objets d'Olivia Berckemeyer développent leur propre symbolique entre geste artistique et interprétation nouvellement chargée. Dans ses œuvres les plus récentes, il s'agit avant tout d'objets de consommation convoités « must-have » qui se prêtent bien à l'autoportrait et donc à la communication vers l'extérieur (*I Phone*, 2019) et sur des objets à dimension politique et socialement pertinente entre des nécessités actuellement différemment justifiées: Avec *Horizont* (2013), une perspective apparemment prometteuse et des attentes pleines d'espoir derrière l'horizon ou avec *Memento Mori – Golden Mask* (2020/2021), où l'interprétation et la conscience de la vanité et de l'impermanence est mise à jour de manière imprévisible. Le luxe se voit attribuer un autre niveau de signification, où la frontière entre approprié et essentiel est renégociée. L'avenir sera-t-il à nouveau doré ?

La quête universelle du succès et du pouvoir ainsi que leur permanence au cours des dernières décennies dans des sociétés majoritairement prospères sont devenues fragiles. *Zahn der Zeit* (2014) peut être considéré comme une métaphore du changement et du déclin. Aujourd'hui, la question se pose de savoir si les roues dentées, ancien symbole du progrès, de l'industrialisation et de la technologie, sont devenues de plus en plus obsolètes, ou si leur conception symbolique d'emboîtement avec les rotations régulières et le mouvement linéaire se déplace simplement ?

Olivia Berckemeyer
Horizont, 2013
Bronze Unikatguss, vergoldet 18 Karat
Bronze unique coulé plaqué or 18 carats
3,5 × 2 × 420 cm

OLIVIA BERCKEMEYER

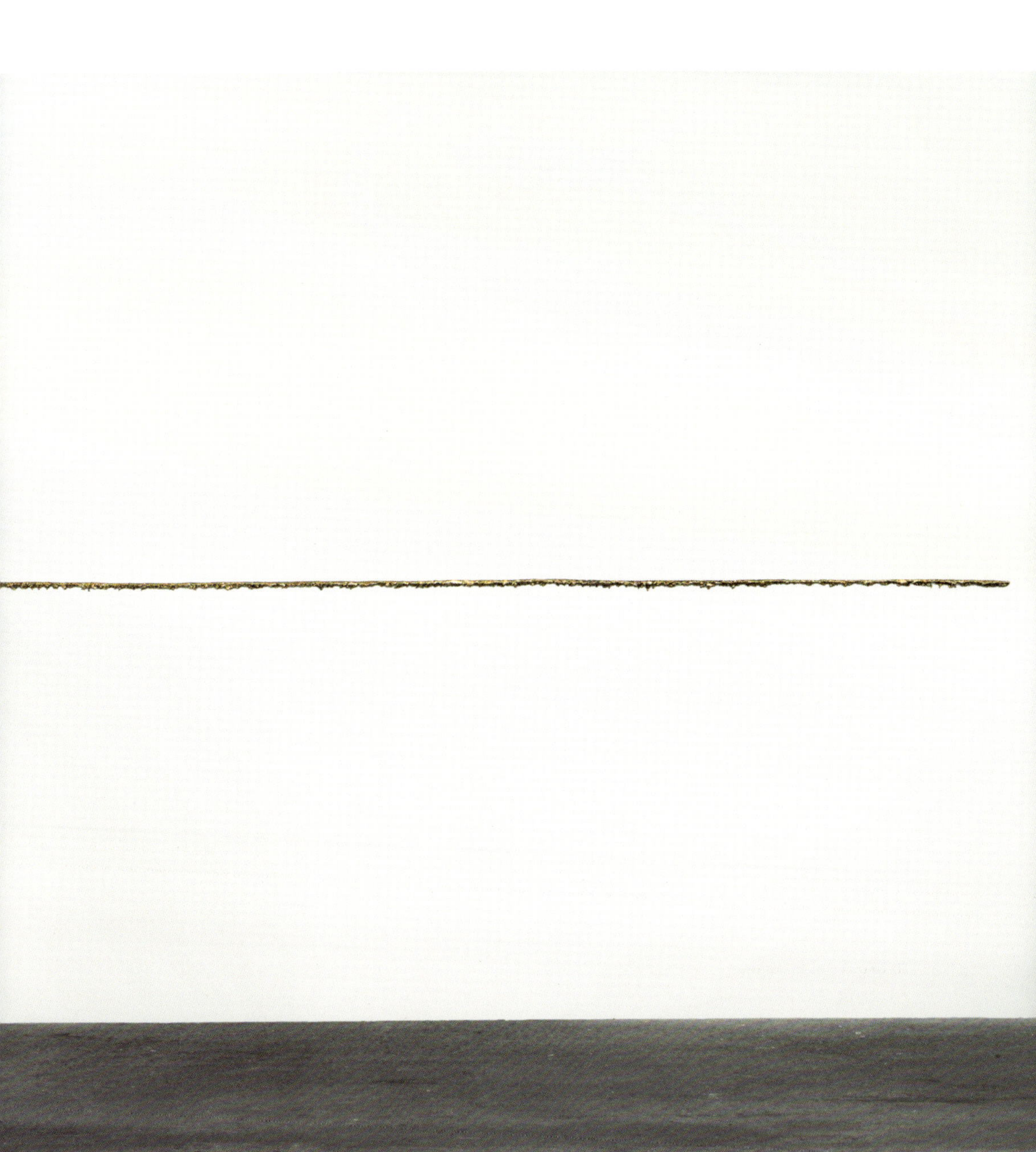

PANOS TSAGARIS

Panos Tsagaris interdisziplinäre künstlerische Arbeit ist geprägt von Formen des Spirituellen und Mystischen, die er über ein philosophisches Bewusstsein bildnerisch zu übersetzen versucht. Er erforscht Vorstellungen von Transformationsprozessen, wie sie sich im gegenwärtigen Leben und in der globalen gesellschaftspolitischen Matrix auf individueller wie auf kollektiver Ebene materialisieren. Mit künstlerischen Mitteln strebt Tsagaris danach, die fragile Verbindung zwischen dem Sichtbaren und dem Unsichtbaren, dem Bewussten und dem Unbewussten, dem Materiellen und dem Immateriellen festzuhalten. Gleichzeitig versucht er, visuelle Einblicke oder vielmehr eine Formensprache für Wertvorstellungen zu entwickeln, mit der er Verschiebungen und Bedeutungen, aber auch deren Verlust in einem immerwährenden Wandel hinterfragt. Fasziniert von Okkultismus, Spiritualismus, mystischen und wissenschaftlichen Prinzipien und Bewusstseinszuständen, ist Panos Tsagaris' Kunst sowohl von aktuellen Ereignissen, als auch von der Beziehung zwischen dem Heiligen und dem Profanen beeinflusst.

April 11 (2016) ist Teil der umfangreichen Serie *Golden Newspaper* von übermalten Vorderseiten der Zeitung *The New York Times* und zeigt nur noch ein Bild von den Unruhen, die an der Nordgrenze Griechenlands zwischen Flüchtlingen und der örtlichen Polizei stattfanden. Die Information dazu ist vergoldet und wird unlesbar. Sichtbar bleibt nur das Titelbild. Damit verschiebt Panos Tsagaris den Fokus der Wirtschaftskrise und ihre unmittelbaren Auswirkungen auf die Menschen und Gemeinschaften. Tsagaris verweist auf andere Formen von Reichtum jenseits des Materiellen. Es ist vielmehr der Weg und das Ziel in ein verändertes Bewusstsein beziehungsweise Wertesystem. Gold ist ein wiederkehrendes Element in der Arbeit des Künstlers. Es bedeutet sowohl das Göttliche, welches durch seine umfassende Verwendung in der religiösen Ikonografie als Farbe der Transzendenz und Reinheit veranschaulicht worden ist, als auch das ultimative Ziel des Künstlers und Alchemisten selbst, Wertloses in etwas Kostbares zu verwandeln. In diesem Sinne werden Nachrichten über die griechische Rezession oder die Flüchtlingskrise für den sofortigen Konsum zu Quellen der Kontemplation erhoben, wodurch die Titelseite einer Tageszeitung kurzweilig zum Ikonenbild deklariert wird, bevor sie kurze Zeit später weggeworfen wird.

Son travail artistique interdisciplinaire se caractérise par des formes de spiritualité et de mysticisme, qu'il tente de traduire en images à travers une conscience philosophique. Il explore les concepts de processus de transformation tels qu'ils se matérialisent dans la vie contemporaine et dans la matrice socio-politique mondiale, tant au niveau individuel que collectif. Par le biais de moyens artistiques, Panos Tsagaris s'efforce de saisir le lien fragile entre le visible et l'invisible, le conscient et l'inconscient, le matériel et l'immatériel. En même temps, il essaie de développer des aperçus visuels, ou plutôt un langage formel des valeurs, avec lequel il interroge les déplacements et les significations, mais aussi leur perte dans un changement perpétuel. Fasciné par l'occulte, le spiritisme, les principes mystiques, scientifiques et les états de conscience, l'art de Panos Tsagari est influencé à la fois par l'actualité et le rapport entre le sacré et le profane.

April 11, 2016 fait partie d'une vaste série de Golden Newspaper de couvertures repeintes du *New York Times*, présentant une image de plus des émeutes ayant eu lieu à la frontière Nord de la Grèce entre les réfugiés et la police locale. Les informations à ce sujet sont dorées et deviennent illisibles. Seule l'image de couverture reste visible. Ainsi, il déplace l'attention sur la crise économique et ses conséquences directes sur les personnes et les communautés. Panos Tsagaris fait référence à d'autres formes de richesse au-delà du matériel. Il s'agit plutôt de la voie et du but vers une conscience ou un système de valeurs modifié. L'or est un élément récurrent dans le travail de l'artiste. Il signifie à la fois le divin, illustré par son utilisation intensive dans l'iconographie religieuse comme couleur de la transcendance et de la pureté, et le but ultime de l'artiste et de l'alchimiste, de transformer l'inutile en quelque chose de précieux. En ce sens, les informations sur la récession grecque ou la crise des réfugiés sont élevées au rang de sources de réflexion pour une consommation immédiate, faisant momentanément la une d'un quotidien iconique avant d'être jetées peu de temps après.

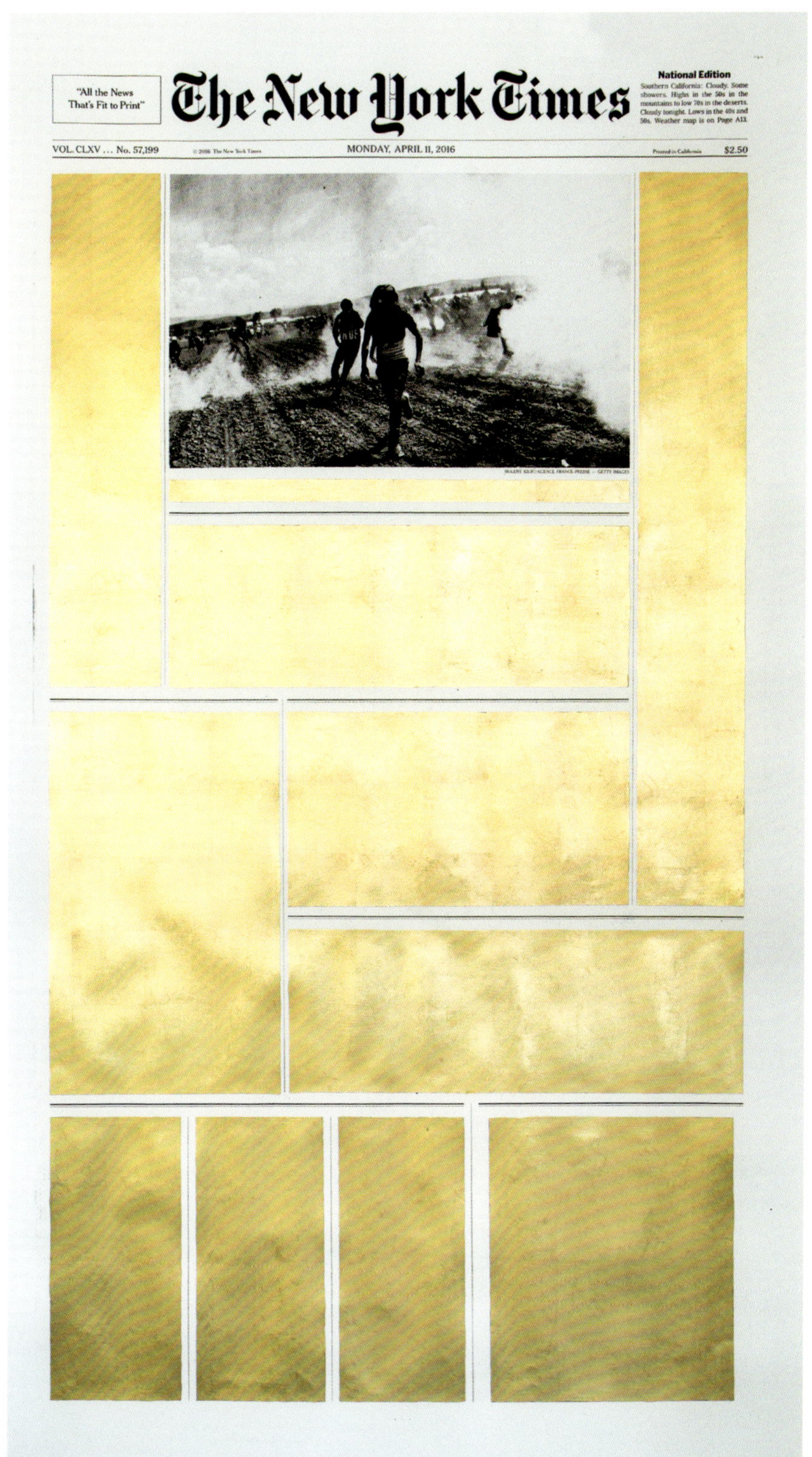

Panos Tsagaris
April 11, 2016
Blattgold auf
Tintenstrahldruck
Feuille dorée sur
impression jet
d'encre d'archives
160 × 93 cm

Stéphanie Saadé
Golden Memories, 2015–2017
Alte Fotografie, Blattgold
Photographie ancienne, feuille dorée
15 × 10 cm

STÉPHANIE SAADÉ

Wie bei vielen libanesischen Künstler:innen ihrer und der Vorgänger:innengeneration steht die künstlerische Beschäftigung mit der Erinnerung, dem individuellen und kollektiven Erleben von Geschichte und Heimat im Mittelpunkt. Was Saadés konzeptuelle Arbeit auszeichnet, ist, dass sie sich im Gegensatz zu vielen ihrer Altersgenoss:innen und älteren Kolleg:innen nicht direkt mit dem Thema Bürgerkrieg auseinandersetzt. Sie entwickelt vielmehr eine suggestive Bildersprache: Es sind stille Gesten und visuelle Metaphern, mit denen sie eigene Erfahrungen teilt.

Ihr Werk ist kein Protokoll einer humanitären Katastrophe oder die Aufarbeitung der Folgen des Bürgerkriegs, ein wiederkehrendes Thema in weiten Teilen der zeitgenössischen libanesischen Kunst. Saadé erforscht vielmehr auf subtile Weise die Themen Erinnerung, Gewalt, Vertreibung, Narbenbildung, aber auch Wiedergutmachung und Widerstandsfähigkeit. Sie versucht über gefundene Materialien und Objekte Geschehnisse und Erlebnisse zu rekonstruieren. In *Golden Memories* (2015–2017) hat die Künstlerin Fotos aus ihrer Kindheit vergoldet. Sie überschreibt auf diese Weise Geschichte. Gleichzeitig wird die eigene Erinnerung an diese „goldene" Lebensphase der Adoleszenz unsichtbar gemacht, deren Bedeutung vor allem kulturell und gesellschaftlich unterschiedlich bestimmt wird und in ihrem persönlichen Fall von politischen Ereignissen geprägt ist. Dabei geht es nicht darum, kriegerische Ereignisse zu vergessen oder gar zu ignorieren. Mit künstlerischen Mitteln und einer „Ästhetik des Exils" beziehungsweise Distanz konstruiert die Künstlerin in der Gegenwart einen imaginären Dialog mit Vergangenheit und Vertreibung. Das dokumentarische Archiv aus historischen Berichten wird ersetzt durch persönliche Erfahrungen und Objekte, Gedächtnis und Erinnerung. Daran knüpft die Bodeninstallation *A Map of Good Memories* (2015) an. Sie bezieht sich auf Momente der Vergangenheit und auf unterschiedliche geografische Orte und zeichnet gleichzeitig die Umrisse eines geografischen Selbstporträts. Die vergoldete Fläche wird durch die Schritte der Besucher:innen verändert. Während sie darauf „reisen", verschwinden die Umrisse unter ihren Füßen. Verändern wird sich während der Ausstellung auch *Golden Apple* (2014–2018) – eine neue Form des Vanitas-Motivs und der Auseinandersetzung mit Vergänglichkeiten in der Gegenwart.

Comme pour de nombreux artistes libanais de sa génération et de la génération précédente, le travail artistique sur la mémoire, l'expérience individuelle et collective de l'histoire et de la patrie est au centre de ses préoccupations. Ce qui distingue le travail conceptuel de Stéphanie Saadé, c'est que, contrairement à nombre de ses pairs et collègues plus âgés, elle n'aborde pas directement le thème de la guerre civile. Elle développe plutôt un langage visuel suggestif : des gestes silencieux et des métaphores visuelles avec lesquelles elle partage ses propres expériences.

Son travail n'est pas le récit d'une catastrophe humaine ou de la gestion des séquelles de la guerre civile, un thème récurrent dans une grande partie de l'art libanais contemporain. Stéphanie Saadé explore plutôt de manière subtile les thèmes de la mémoire, de la violence, du déplacement, de la cicatrisation, mais aussi de la réparation et de la résilience. Elle tente de reconstituer des événements et des expériences à partir de matériaux et d'objets trouvés. Dans *Golden Memories* (2015–2017), l'artiste a doré des photos de son enfance. De cette façon, elle écrase l'histoire. En même temps, elle rend invisibles ses propres souvenirs de cette période « dorée » de la vie de l'adolescence, dont le sens est déterminé différemment par la culture et la société, et qui, dans son cas personnel, est façonné par les événements politiques. Il ne s'agit pas d'oublier ou même d'ignorer les événements guerriers. Avec des moyens artistiques et une « esthétique de l'exil » ou de la distance, l'artiste construit dans le présent un dialogue imaginaire avec le passé et l'expulsion. Les archives documentaires constituées de récits historiques sont remplacées par des expériences et des objets personnels, le souvenir et la mémoire. L'installation au sol *A Map of Good Memories* (2015) s'appuie sur ces éléments. Ils se réfèrent à des moments du passé et à différents lieux géographiques, tout en dessinant les contours d'un autoportrait géographique. La surface dorée est modifiée par les pas des visiteurs. Au fur et à mesure qu'ils « voyagent et circulent » sur cette surface, les contours disparaissent sous leurs pieds. *Golden Apple*, 2014–2018 – une nouvelle forme du motif de la vanité et la confrontation avec l'éphémère dans le présent – changera également au cours de l'exposition.

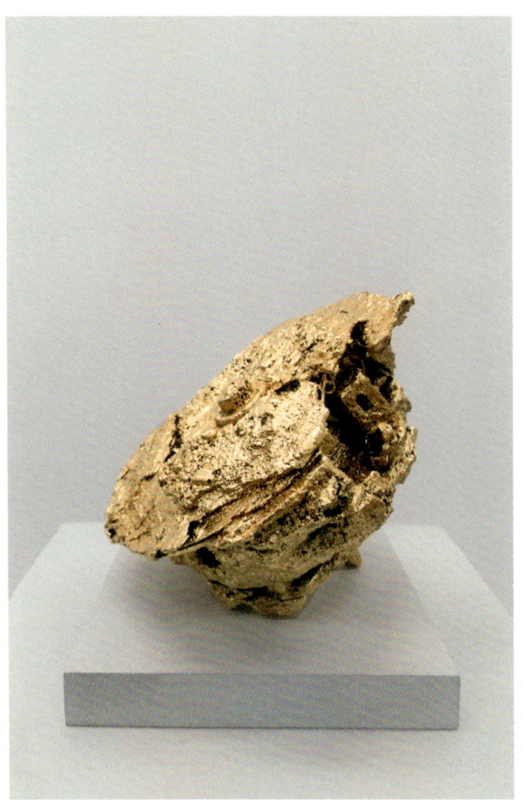 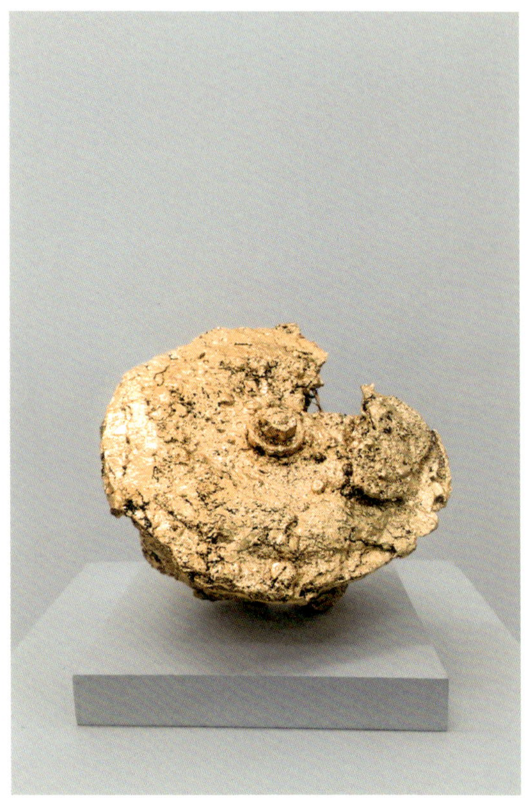

Philip Topolovac
Some people think the past is golden, 2017
Skulptur Bodenfundstück, Blattgold 24 Karat
Sculpture trouvée dans le sol, feuille d'or 24 carats
9 × 14 × 12 cm

PHILIP TOPOLOVAC

Philip Topolovac ist so etwas wie ein Archäologe der Gegenwart, der die Vorlagen für seine Skulpturen und Objekte unter anderem auf Baustellen sucht und findet, die bei heutigen Neubebauungen städtischer Brachen freigelegt werden. Mit diesen Fundstücken und anhand ihres durch die Zeit im Boden veränderten Zustandes untersucht er die Beschaffenheit der Welt und unser Verhältnis dazu. Es handelt es sich zumeist um Reste oder Spuren aus dem Zweiten Weltkrieg, die bei den Bränden Berlins eingeschmolzen und verformt wurden. Im Schutt haben sie die Zeit überdauert und wurden Jahrzehnte später aus den Erdschichten freigelegt. Als Fundstücke sind sie jetzt von Topolovac über eine Materialtransformation rekonstruiert und mit einer neuen 24 Karat vergoldeten Oberflächenbeschichtung nicht nur zu wertvollen Artefakten einer fiktiven Sammlung inszeniert, sondern bekommen als historische Zeugen auch eine erweiterte Bedeutung zugesprochen – zwischen Forschung, Wissen und Geschichte. Die nicht immer auf den ersten Blick erkennbaren Objekte aus der von ihm weitergeführten Serie *Some people think the past is golden* waren zumeist vertraute Alltagsgegenstände oder Fragmente davon. Damit werden unterschiedliche Narrative in Gang gesetzt – zwischen Interpretation goldener Vergangenheit und ihrer neuen aufgewerteten Zuschreibung heute. Die sprichwörtliche Metapher von der „goldenen Vergangenheit" als verklärende Projektion aus der Gegenwart heraus wird in der Skulpturenserie gewissermaßen wörtlich genommen und damit kritisch hinterfragt. Es verändert sich nicht nur der untersuchende Blick, sondern auch die Bedeutung der Dinge, die nicht nur von einer Geschichte über Herkunft, Gebrauch und Zugehörigkeit erzählen.

L'artiste est une sorte d'archéologue du présent qui cherche et trouve les modèles de ses sculptures et objets, notamment sur des chantiers. Ils sont mis au jour lors du réaménagement actuel des friches urbaines. À l'aide d'objets qu'il a trouvés et en fonction de leur état, il examine la nature du monde et notre relation avec lui. Il s'agit principalement de vestiges ou de traces de la Seconde Guerre mondiale qui ont été fondus et déformés lors des incendies de Berlin. Ils ont résisté à l'épreuve du temps dans les décombres et seront sortis des couches de la terre des décennies plus tard. En tant qu'objets trouvés, ils ont maintenant été reconstruits par Topolovac grâce à une transformation matérielle et, avec un nouveau revêtement de surface plaqué or 24 carats, non seulement mis en scène comme des artefacts de valeur dans une collection fictive, mais en tant que témoins historiques ils reçoivent également une signification élargie – entre recherche, connaissance et histoire. Les objets de la série *Some people think the past is golden*, qu'il n'est pas toujours possible de diagnostiquer au premier coup d'œil, étaient pour la plupart des objets familiers du quotidien ou des fragments de ceux-ci. Différents récits sont ainsi mis en marche – entre l'interprétation d'un passé doré et sa nouvelle attribution améliorée aujourd'hui. La métaphore proverbiale du « passé doré », soit « bon vieux temps », en tant que projection transfigurante du présent, est prise au pied de la lettre dans la série de sculptures et remise en question de manière critique. Non seulement le regard d'investigation change, mais aussi la signification des choses, qui ne racontent pas seulement une histoire sur l'origine, l'usage et l'appartenance.

Werte sind immer wiederkehrende Themen im inzwischen umfangreichen künstlerischen Werk von Alicja Kwade. In ihren oft irritierenden Arrangements aus alltäglichen Gegenständen reflektiert sie gesellschaftliche und ökonomische Ereignisse: die Beziehung und das Verhältnis von Kapital und Produktion, von Zeit, Geld und Gold. Durch gezielte künstlerische Eingriffe wie Verformungen und Spiegelungen verändert sie die Vorstellung vom vermeintlichen Wert des Materials und erweitert damit nicht nur unsere Vorstellungskraft, sondern auch das Medium selbst. Die Skulptur strebt keine ideale Form an: Kwade transformiert und arrangiert wertlose Gegenstände, indem sie ihre Oberflächen mit Gold überzieht. Sie erzeugt mit *Schwarzes Gold* (2008), einer präzisen Kombination aus Diskurs und Ästhetik, visuell eine wirksame Bildmetapher. Das allseits vertraute und gebrauchte Industrieprodukt als Objet Trouvé ist vergoldet und wird zur Minimal Sculpture. Sein subjektiver Charakter und die Nicht-Referenzialität wird aufgehoben und so kritisch über neue Zusammenhänge in den gegenwärtigen Realitäten und den damit verbundenen ökonomischen und naturwissenschaftlichen Ordnungs-systemen reflektiert. Wie wird das Verhältnis zur Wirklichkeit wahrgenommen? Und vor allem: Wie ist die Welt sonst noch vorstellbar mit einer nicht von Wachstum bestimmten und reglementierten Gesellschaft, in der die gewohnten Zeitabläufe unterbrochen werden? Kwade löst die Materialität und Messbarkeit auf oder sie zweifelt an der Messbarkeit der Zeit, manipuliert sie zwischen Augenblick und Stillstand. *Causal Emergence (July)* (2019) wirkt wie eine ornamentale Brokatstickerei, bei der die Uhrzeiger zu einer abstrakten (Zeit-)Formation angeordnet sind. Den Dingen werden die primären Bedeutungen entzogen und eine neue ästhetische und emotionale Ebene hinzugefügt. Vertraute Wahrnehmungen verschieben sich. Mit ihrem Forschungsansatz verwandelt die Künstlerin das menschliche Bewusstsein, schärft die Sinne und macht gleichzeitig Risse sichtbar. Auf diese Weise aktiviert sie Assoziationsräume, in denen sich wechselseitige Strukturen und Formen in neue Anordnungen und Vorgänge vergegenständlichen.

Les valeurs sont des thèmes récurrents dans le vaste travail artistique d'Alicja Kwade. Dans ses juxtapositions souvent irritantes d'objets quotidiens, elle reflète les événements sociaux et économiques : la relation entre le capital et la production, le temps, l'argent et l'or. Par des interventions artistiques ciblées telles que des déformations et des reflets, elle change l'idée de la valeur présumée du matériau et élargit ainsi non seulement notre imagination, mais aussi le moyen lui-même. La sculpture n'aspire pas à une forme idéale : Alicja Kwade transforme et arrange des objets sans valeur en recouvrant leurs surfaces d'or. Avec *Schwarzes Gold*, 2008, combinaison précise de discours et d'esthétique, elle crée une métaphore visuelle efficace.

Le produit industriel bien connu et utilisé comme objet trouvé et, doré, devient une sculpture minimale. Son caractère subjectif et sa nature non-référentielle sont abolis et ainsi réfléchis de manière critique sur de nouvelles connexions dans les réalités actuelles et les systèmes d'ordre économiques et scientifiques associés. Comment est alors perçu le rapport à la réalité ? Et surtout : comment imaginer autrement le monde avec une société qui n'est pas déterminée et réglementée par la croissance, dans laquelle le déroulement habituel du temps sont également interrompu. Alicja Kwade dissout la matérialité et la mesurabilité où elle doute de la mesure du temps, la manipule entre l'instant et l'immobilité. *Causal Emergence (juillet)*, 2019 ressemble à une broderie ornementale en brocart où les aiguilles de l'horloge sont disposées dans une formation abstraite (de temps). Les choses sont dépouillées de leur signification première et un nouveau niveau esthétique et émotionnel est ajouté. Les perceptions familières changent. Avec son approche de recherche, l'artiste trans-forme la conscience humaine, aiguise les sens et en même temps rend visibles les fissures. De cette façon, elle active des espaces d'association dans lesquels les structures et les formes réciproques se matérialisent dans de nouveaux arrangements et processus.

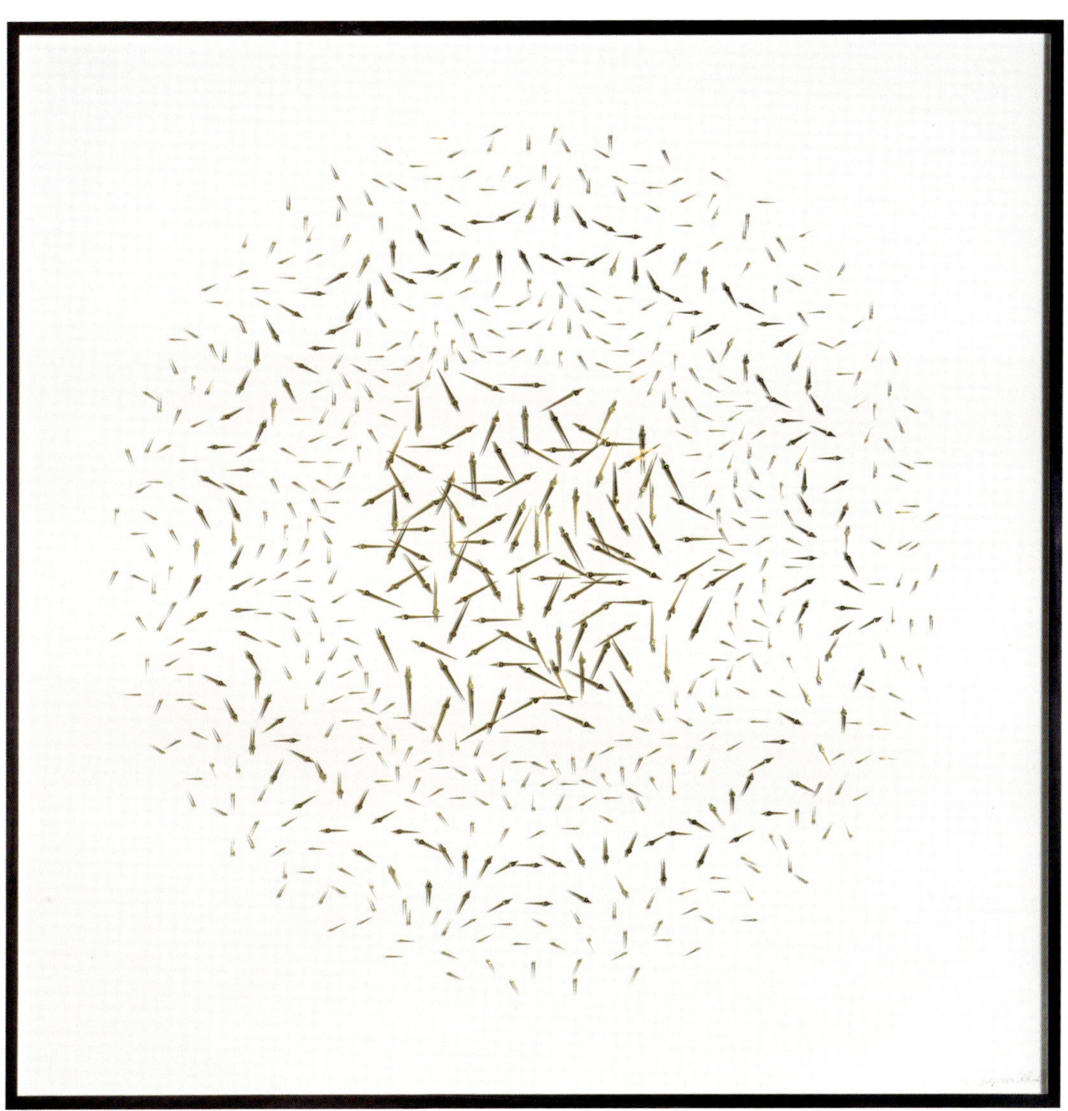

Alicja Kwade
Causal Emergence (July), 2019
Uhrzeiger auf Karton, Unikat
Aiguilles d'horloge sur carton, unique
175 × 175 cm

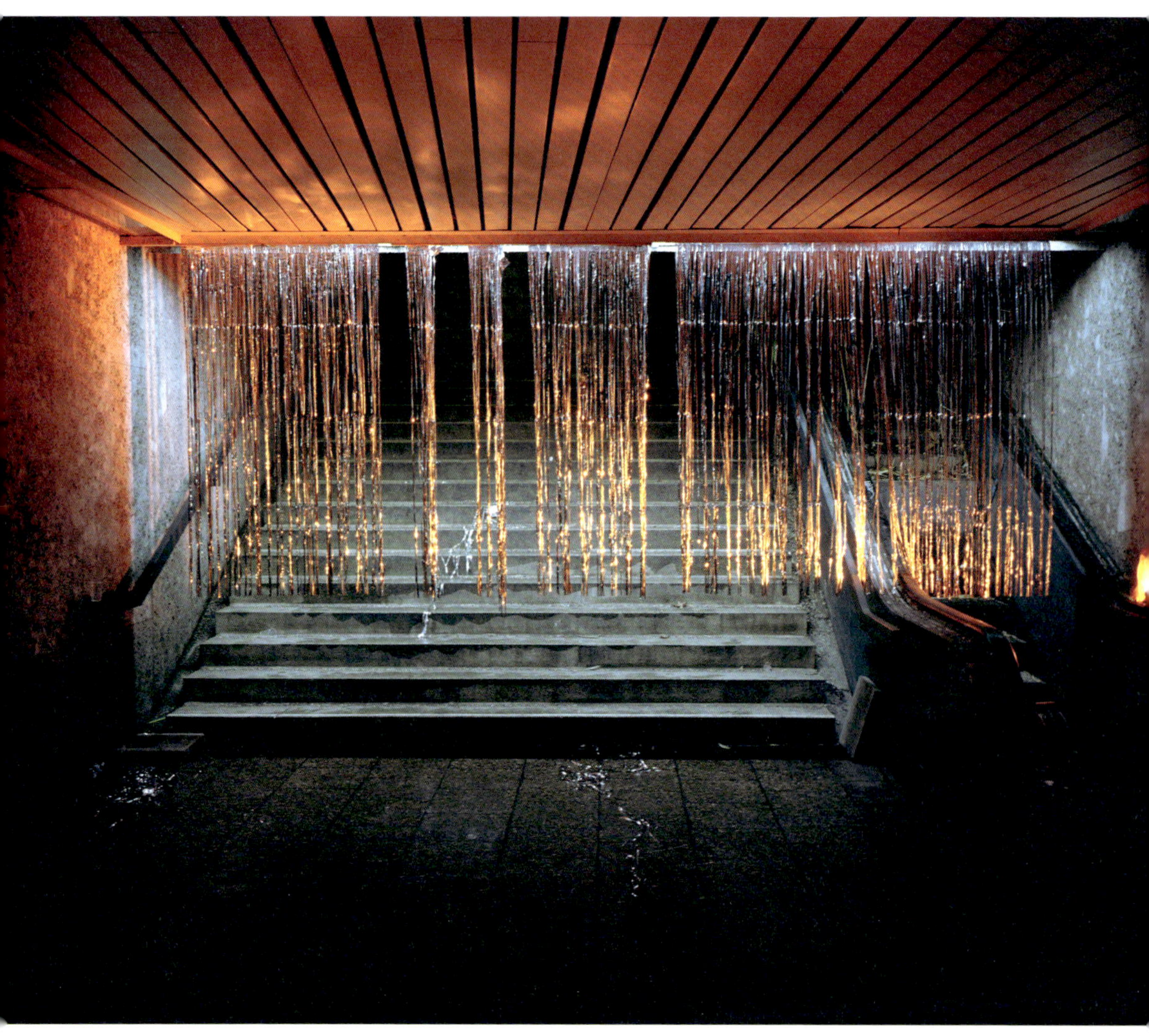

ANDRÉAS LANG

Andréas Lang forscht in seinen historisch motivierten Arbeiten nach vergessenen Orten zwischen Realität und Fiktion, zwischen Sehnsucht und Scheitern. Über eine visuell künstlerisch motivierte Archäologie des Imaginierten werden Vergangenheit und Gegenwart gleichermaßen in den Landschaftsbildern lebendig. In den zumeist Langzeitprojekten thematisiert er immer wieder die wechselnde(n) Geschichte(n) von bestimmten Orten, die auf den ersten Blick etwas Unwirkliches und Unvorhersehbares abzubilden scheinen. Dem Foto-künstler gelingt es, mit der Kamera hinter ein Geschehen zu schauen, den Geist dieser Orte sichtbar zu machen und berührt innere Bilder von kollektiven Gedächtnissen. Seine Spurensuche öffnet Zwischenräume. Auf diese Weise werden neue Fragen nach möglichen Interpretationen und Narrativen gestellt und nicht selten werden aus einer vergänglichen Situation mit dem dort gefundenen Moment zeitgeschichtliche Ereignisse wieder lebendig und in der Gegenwart kurzweilig überschrieben. Bei einer allgemeinen Betrachtung der Bilder Langs werden gleichzeitig persönliche Erinnerungen aktiviert – der schöne Glanz vom goldenen Lametta bleibt als (temporäre) Spur eines idealen Zustands sichtbar, ohne die Hintergründe und Bezüge zu kennen, um so Neues aus einer anderen Perspektive weiterzuerzählen. *Goldene Zeiten* (2010) wird auf diese Weise zum subjektiv bildnerischen Emotionsträger und zugleich Frei- und Projektionsraum für individuelle Assoziationen, hier und dort, vor und hinter dem goldenen Vorhang.

Andréas Lang recherche dans ses œuvres à motivation historique des lieux oubliés entre réalité et fiction, nostalgie et échec. Grâce à une archéologie de l'imaginaire motivée par l'art visuel, le passé et le présent prennent vie de la même manière dans ses peintures de paysages. Dans les projets pour la plupart à long terme d'Andréas Lang, aborde à plusieurs reprises l'histoire changeante de certains lieux, qui à première vue semblent représenter quelque chose d'irréel voire d'imprévisible. L'artiste photographe réussit à utiliser l'appareil photo pour regarder derrière les événements, rendre visible l'esprit de ces lieux et toucher les images intérieures des mémoires collectives. Sa recherche d'indices ouvre de vraies brèches. De cette façon, de nouvelles questions sur les interprétations et les récits possibles sont posées, et il n'est pas rare que des événements historiques reprennent vie à partir d'une situation transitoire avec l'instant qui y a été trouvé et brièvement réécrit dans le présent. En plus d'une observation générale des images d'Andréas Lang, des souvenirs personnels sont activés en même temps – le bel éclat de la guirlande dorée reste visible comme une trace (temporaire) d'un état idéal, sans connaître le fond ni les références, afin de continuer à raconter la nouveauté sous une autre perspective. De cette façon, *Goldene Zeiten* (2010) devient un vecteur subjectivement graphique d'émotions et en même temps un espace de liberté et de projection pour des associations individuelles, ici et là, devant et derrière le rideau doré.

Andréas Lang
Goldene Zeiten, 2010
Pigmentdruck
Impression pigmentaire
120 × 96 cm

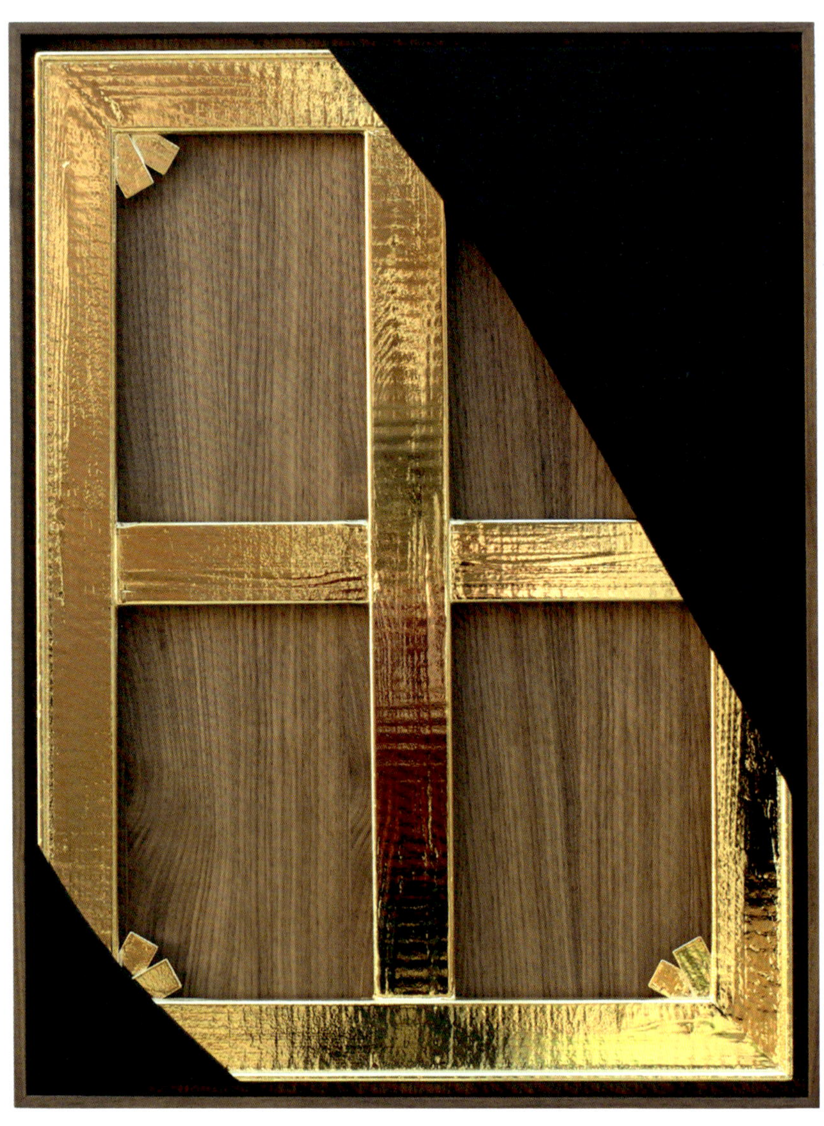

Eckart Hahn

Subsurface, 2013
Goldchrom, Lack, Stoff, Nussbaum
Chrome doré, laque, tissu, noyer
82 × 62 × 5 cm

Subsurface (2013) kann im Kontext der Ausstellung auch als eine Referenz an das Kunsthandwerk des Vergoldens in der Herstellung von traditionellen Bilderrahmen betrachtet werden. Mit dem Unterschied, dass der Künstler scheinbar die Rückseite veredelt hat und so die Vorderseite verborgen bleibt. Wie so oft entziehen sich die rätselhaften Kompositionen Hahns einer eindeutigen Leseart. Materialien werden vielmehr collageartig zum fragmentarischen Motiv. Seine zumeist surrealen Welten und symbolisch aufgeladenen Bilder werden dem „Neuen Magischen Realismus" zugeordnet. Darin finden sich immer wieder Fragmente kunsthistorischer Gattungen wie Stillleben, Interieur-, Bildnis-, Genre- und Historienmalerei sowie tradierte Motive mit vermeintlich fester Bedeutung wie das Kreuz und die Draperie in *Subsurface*. Auf den ersten Blick löst das das Bild den intuitiven Impuls aus, es zu wenden und so zu entschlüsseln. Es könnte sich um das Porträt eines verstorbenen Menschen handeln, wenn man den über den Rahmen gespannten schwarzen Stoff als möglichen Verweis darauf und auf die Darstellung eines transitorischen Zustands deutet. Der Keilrahmen wird zum goldenen Kreuz. Vor allem bei sakralen Gemälden ist seit dem 14. Jahrhundert bekannt, dass der goldene Glanz das göttliche Paradies symbolisiert. Um eine Einheit mit dem Bild zu gewährleisten, wurde das Gold auch auf die Rahmung übertragen. Die Frage nach dem Geistigen und Spirituellen beschäftigen den Künstler nach eigener Aussage. Auf der Suche nach ewigen Sinnbildern hinterlässt diese immer wieder subtile Spuren in seinem Werk. Formale Brüche in einer realistischen Darstellungsweise sind für Hahn wichtige Bestandteile seiner genreübergreifenden Arbeit. So bezeichnet er zum Beispiel die Oberflächen als eine Art Sprache der bildnerischen Ideenfindung. Diese findet sich in der großformatigen Installation *Beauteousness* (2011/2022) wieder – als temporäres, aber vergoldetes Zeugnis kultureller Produktionsprozesse. Es öffnet sich eine leuchtend inszenierte Bühne mit verschiedenen Bildebenen: das vergoldete Malerwerkzeug, des Künstlers goldene Schuhe, ein luxuriöses Fell. Sie alle werden beim Malen des Wortes BEAUTY auf die Wand mit schwarzer Farbe beschmutzt. Dem Versuch, Schönheit zu erreichen, steht das schmerzliche Bewusstsein gegenüber, dass diese auf dem Weg dorthin, bedingt durch andere Wertvorstellungen, verloren gehen kann. In den meisten Fällen orientiert sich der Mensch am Ergebnis und dem Verhältnis dazu, ohne jedoch den Preis, den wir dafür zahlen müssen, infrage zu stellen.

Dans le cadre de l'exposition, *Subsurface* (2013) peut également être considéré comme une référence à l'art de la dorure dans la fabrication des cadres traditionnels. À la différence que l'artiste semble avoir ennobli le verso, cachant ainsi le recto sous-jacent. Comme souvent, les compositions énigmatiques d'Eckart Hahn échappent à une interprétation univoque. Au contraire, les matériaux deviennent des motifs fragmentaires ressemblant à des collages. Ses mondes pour la plupart surréalistes et ses images chargées de symboles sont associés au « nouveau réalisme magique » auquel l'œuvre picturale d'Eckart Hahn est assignée. À première vue, *Subsurface* suggère l'impulsion intuitive de retourner l'image et ainsi d'essayer de la déchiffrer. Il pourrait s'agir du portrait d'un défunt, le tissu noir tendu sur le cadre en est peut-être une référence et la représentation d'un état transitoire. Le châssis devient une croix dorée. On sait que depuis le XIVème siècle, notamment dans les peintures sacrées, l'éclat doré symbolise le paradis divin. Pour assurer l'unité avec le tableau, l'or a été également appliqué à l'encadrement. Selon l'artiste lui-même, la question du mental et du spirituel le préoccupe. Dans sa quête de symboles éternels, elle laisse toujours des traces subtiles dans son œuvre. Pour Eckart Hahn, les ruptures formelles dans une représentation réaliste sont des éléments importants de son travail qui transcende les genres. Par exemple, il décrit les surfaces comme une sorte de langage de recherche d'idées picturales. On le retrouve dans l'installation grand format *Beauteousness* (2011/2022) – comme un témoignage éphémère mais doré des processus de production culturelle. Une scène lumineuse s'ouvre avec différents niveaux d'image : les outils dorés du peintre, les chaussures dorées de l'artiste, une fourrure luxueuse, le tout enduit de peinture noire lorsque le mot BEAUTY est peint sur le mur. La tentative d'atteindre la beauté se heurte à la douloureuse conscience qu'elle peut se perdre en chemin en raison de valeurs différentes. Dans la plupart des cas, l'homme est guidé par le résultat et la relation associée, mais sans remettre en question le prix que nous devons payer pour l'obtenir.

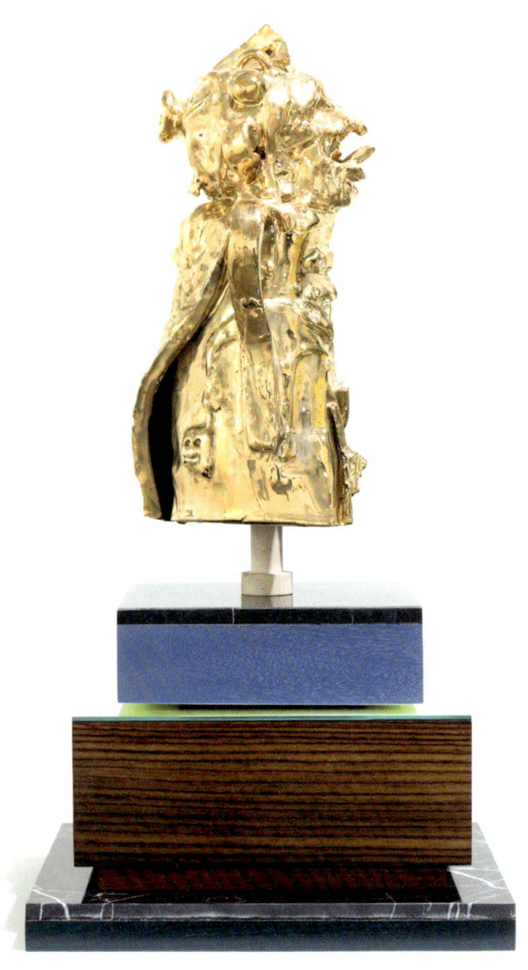

Sebastian Neeb
Trophy for Being the Puppet of a Puppet of a Puppet, 2016
Aus der Serie *Trophies for Outstanding Performance over Decades*
Vergoldete Keramik, Buchenholzstab, diverse Furniere, Spiegel, Autoeffektlacke,
Leimholz, Buche, Mahagoni, schwarzer Marmor, Drehfunktion
De la série *Trophées pour des performances exceptionnelles sur des décennies*
Céramique dorée, baguette en bois de hêtre, placages divers, miroir, peintures
effet automobile, bois de hêtre collé, acajou, marbre noir, fonction rotative
58 × 30,5 × 30,5 cm

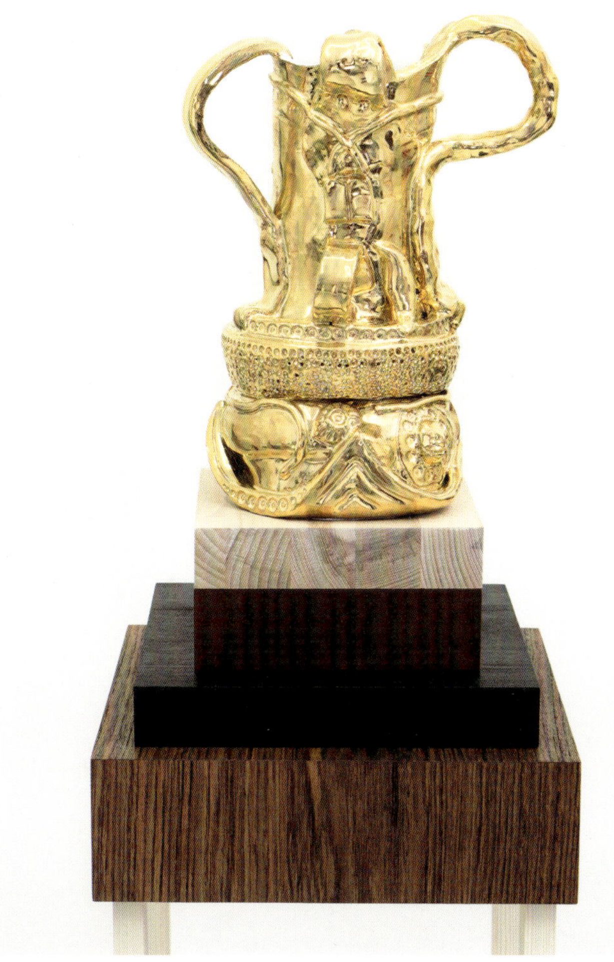

Sebastian Neeb

*Trophy for Finding the Jug of Wisdom, Drained to the Dregs and Stuck
to a Piece of Wood*, 2015

Aus der Serie *Trophies for Outstanding Performance over Decades*
Glasierte und teilvergoldete Keramik, Alkoholtusche, Polymerkleber, diverse Hölzer
(Buche, Mahagoni, ebonisierter Kirschbaum, Weiße Wenge, Kiefer)
De la série *Trophées pour des performances exceptionnelles sur des décennies*
Céramique émaillée et en partie dorée, encre à alcool, colle polymère, bois divers
(hêtre, acajou, merisier noirci, bois wengé blanc, pin)
58 × 30,5 × 30,5 cm

ALICJA KWADE

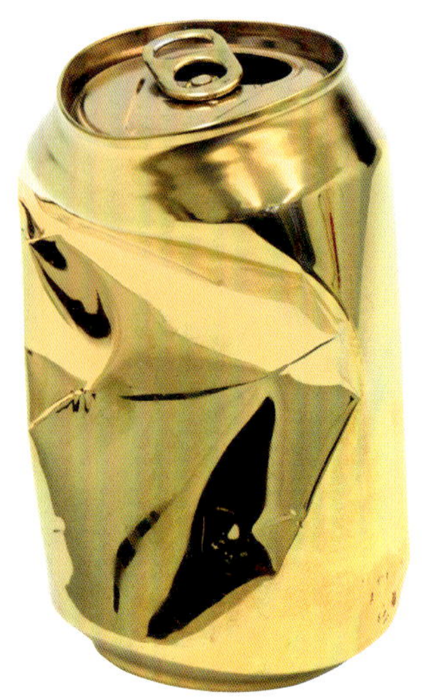

Alicja Kwade
Schwarzes Gold, 2008
Aluminium vergoldet
Aluminium plaqué or
11,5 × 8 × 6 cm × 500 g

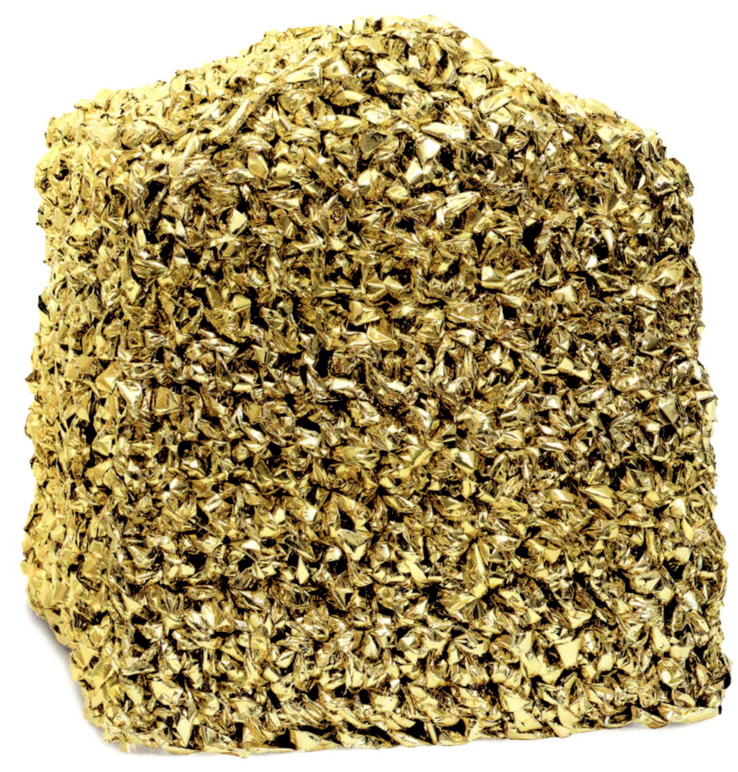

Karina Spechter
Glück / Happiness, 2001
PVC-Folie / PVC-Film
Feuille de PVC / Film PVC
70 × 69 × 68 cm

Karina Spechter

Durch die Reduktion ihrer bildhauerischen Arbeiten entsteht eine nachhaltige und wirkungsvolle Präsenz im Raum. Nicht selten bündeln diese die Erfahrungen und Erlebnisse der Künstlerin in vertrauten Formen aus der Alltagskultur. Auf diese Weise entwickeln sie ein Wechselspiel von alten und neuen Deutungsmöglichkeiten. Die aus vielen und auf den ersten Blick aus gesammelten Einzelteilen geformte Schatulle kehrt scheinbar die im Inneren aufbewahrten Kostbarkeiten nach außen. Schaut man genau hin, ist ihre golden leuchtende Oberfläche aus dicht gehäkelter PVC-Folie – ein universell bekannter Kunststoff, der vorrangig in der Bauindustrie und später auch bei der Produktion von unterschiedlichen Haushaltswaren und Aufbewahrungsgegenständen Gebrauch findet.

In der Weiterentwicklung ihrer künstlerischen Praxis von der Leinwand hin zur Skulptur ist diese Oberflächenbeschaffenheit zum künstlerischen Merkmal von Karina Spechter geworden. Bei *Glück / Happiness* (2001) bekommt ihre Skulptur scheinbar über die vergoldete Beschichtung eine auffällig blendende, körperliche Präsenz im Raum. Diese suggeriert oder erzwingt sogar eine gewisse Positionierung der Betrachter:innen zu dem mysteriös anmutenden Gegenstand mit Deckel. Auf diese Weise wird das plastische Werk zur Konfrontation mit Plastik und damit zur Auseinandersetzung mit dem ambivalenten Verhältnis zu Massenproduktion und Konsum in einer sich stark verändernden und von diesem Wandel geprägten Gesellschaft. Das Kunstwerk konfrontiert seine Betrachter:innen damit, dass nicht alles, was glänzt, aus Gold ist. Diese Illusion verschiebt das allgemeingültige Wertesystem Gold und damit die seit Jahrhunderten geprägte Vorstellung der Gesellschaft von Reichtum und Schätzen.

La réduction de son travail sculptural crée une présence durable et efficace dans l'espace. Il n'est pas rare qu'ils regroupent les expériences de l'artiste dans des formes familières issues de cultures quotidiennes. Ces différents éléments développent ainsi un jeu d'interprétations anciennes et nouvelles. L'écrin formé de nombreuses pièces individuelles qui, à première vue, semblent avoir été collectées, transforme apparemment les trésors stockés à l'intérieur vers l'extérieur. Si vous regardez attentivement, sa surface dorée et brillante est faite d'une feuille de PVC étroitement crochetée – un plastique universellement connu surtout utilisé dans l'industrie de la construction et plus tard également dans la production de divers articles ménagers et articles de rangement.

Dans le développement ultérieur de sa pratique artistique de la toile à la sculpture, cette qualité de surface est devenue une caractéristique artistique de Karina Spechter. Avec *Glück / Happiness*, 2001, il semble que le revêtement doré confère une présence physique étonnamment éblouissante dans la pièce. Cette création suggère ou même oblige le spectateur à se positionner par rapport à l'objet mystérieux avec un couvercle. De cette manière, l'œuvre sculpturale devient une confrontation avec le plastique et avec le rapport ambivalent à la production et à la consommation de masse, dans une société qui a radicalement changé et se caractérise par le changement, et évidemment tout ce qui brille n'est pas en or. Cette illusion modifie le système de valeur généralement valable de l'or et sa conception séculaire de la richesse et des trésors.

Claudia Kugler

Claudia Kugler ist Künstlerin und Kommunikationsdesignerin. Ihre computergenerierten Arbeiten verschieben Zuordnungen oder lösen Grenzbereiche zwischen Kunst und Gestaltung und der Angewandten Kunst auf. In ihrer künstlerischen Praxis geht es nicht um eine gezielte Anwendung, sondern vielmehr um eine (unbewusste) medienübergreifende Erweiterung. Kugler reflektiert mit eigenen bildnerischen Mitteln über mehrfache Bedeutungen und assoziative Zusammenhänge von Wörtern und Formen. Ihre Kompositionen eröffnen auf diese Weise neue Lesarten und ermöglichen damit auch andere Betrachtungen, nicht nur auf hybride Gestaltungsvarianten. Ihr digitales, sich endlos wiederholendes und präzises Wortspiel (*Verirrungen*, 2015) erlaubt Interpretationen, die zu spekulativen Neuordnungen der Dinge zwischen allgegenwärtiger und universell verständlicher Alltagskultur und ökonomischer Marktanalyse verführen: „GELB, GELD, GOLD".

Die animierte Arbeit, bei der die Bildschirmoberfläche selbst Bildträger für das Motiv ist, suggeriert gleichzeitig eine differenzierte und direkte Kommunikation mit dem Publikum über wirtschaftliche Systeme, die nicht nur das Leben allgemein bestimmen, sondern auch die Kunstproduktion selbst. Kuglers ästhetische (Text-)Bilder sind Botschaften oder Kommentare zu Konstruktionen, Positionen und Situationen, die nicht immer gleich eindeutig sind, trotz ihrer kulturellen und kunstbezogenen Referenzen, die man zu erkennen glaubt. Sie sind nicht gänzlich frei von Ironie programmiert und erinnern an die spätestens von der Pop Art eingeführte Bildersprache über das Leben, geprägt von Massenkonsum und Wirtschaftswachstum, zwischen Jugendkultur und Protestbewegungen. Ihre künstlerische Praxis über das Mögliche erkundet das Potenzial von Überschreitungen formaler Einschränkungen. Darüber baut sie innerhalb des Vorhandenen neue Spannungsfelder auf, die gleichzeitig zukunftsorientierte Perspektiven erlauben.

Claudia Kugler est artiste et designer en communication. Ses œuvres générées par ordinateur déplacent les classifications ou dissolvent les frontières entre l'art et le design et les arts appliqués. Sa pratique artistique ne relève pas d'une application ciblée, mais plutôt d'une expansion (inconsciente) à travers les médias. Utilisant ses propres moyens artistiques, Claudia Kugler réfléchit sur les multiples significations et contextes associatifs des mots et des formes. De cette façon, ses compositions ouvrent la voie à de nouvelles lectures et aussi à d'autres considérations, pas seulement à des variantes de conception hybrides. Son jeu de mots numérique, inlassablement répétitif et précis (*Verirrungen*, 2015) permet des interprétations qui conduisent à des réorganisations spéculatives des choses entre culture quotidienne omniprésente et universellement compréhensible et analyse économique des marchés : *GELB, GELD, GOLD* (Jaune, argent, or).

L'œuvre animée, dans laquelle la surface de l'écran est le support de l'image du motif, suggère simultanément une communication plus différenciée, mais plutôt directe, avec le public sur les systèmes économiques qui déterminent non seulement la vie en général, mais aussi la production artistique en elle-même. Les images esthétiques sont des messages ou commentaires sur des constructions, des positions et des situations qui ne sont pas toujours aussi claires, malgré leurs références culturelles et artistiques que l'on croit reconnaître. Elles ne sont pas entièrement programmées de manière ironique et rappellent l'imagerie introduite au plus tard par le Pop Art d'une vie façonnée par la consommation de masse et la croissance économique, entre culture des jeunes et mouvements contestataires. Sa pratique artistique sur le possible explore le potentiel de transcendance des contraintes formelles. De plus, elle construit de nouvelles zones de tension au sein de l'existant, qui permettent en même temps des perspectives d'avenir.

CLAUDIA KUGLER

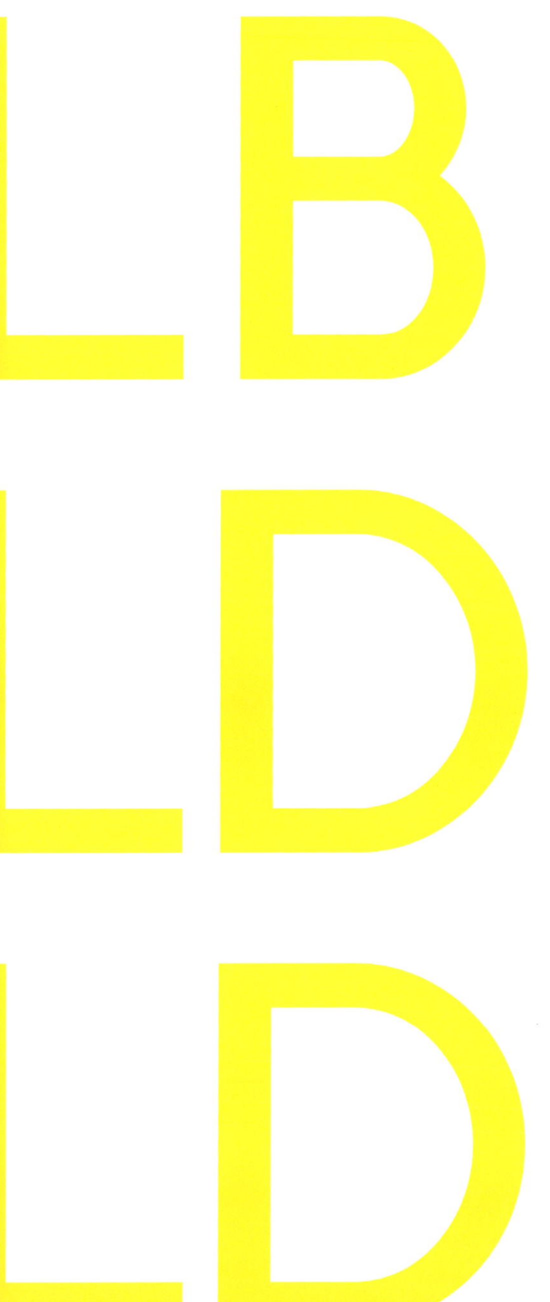

Claudia Kugler
Verirrungen, 2015
GIF file
1000 × 281 px, 2 sec. loop
Fichier GIF
1000 × 281 px, boucle 2 sec.

PHILIP TOPOLOVAC

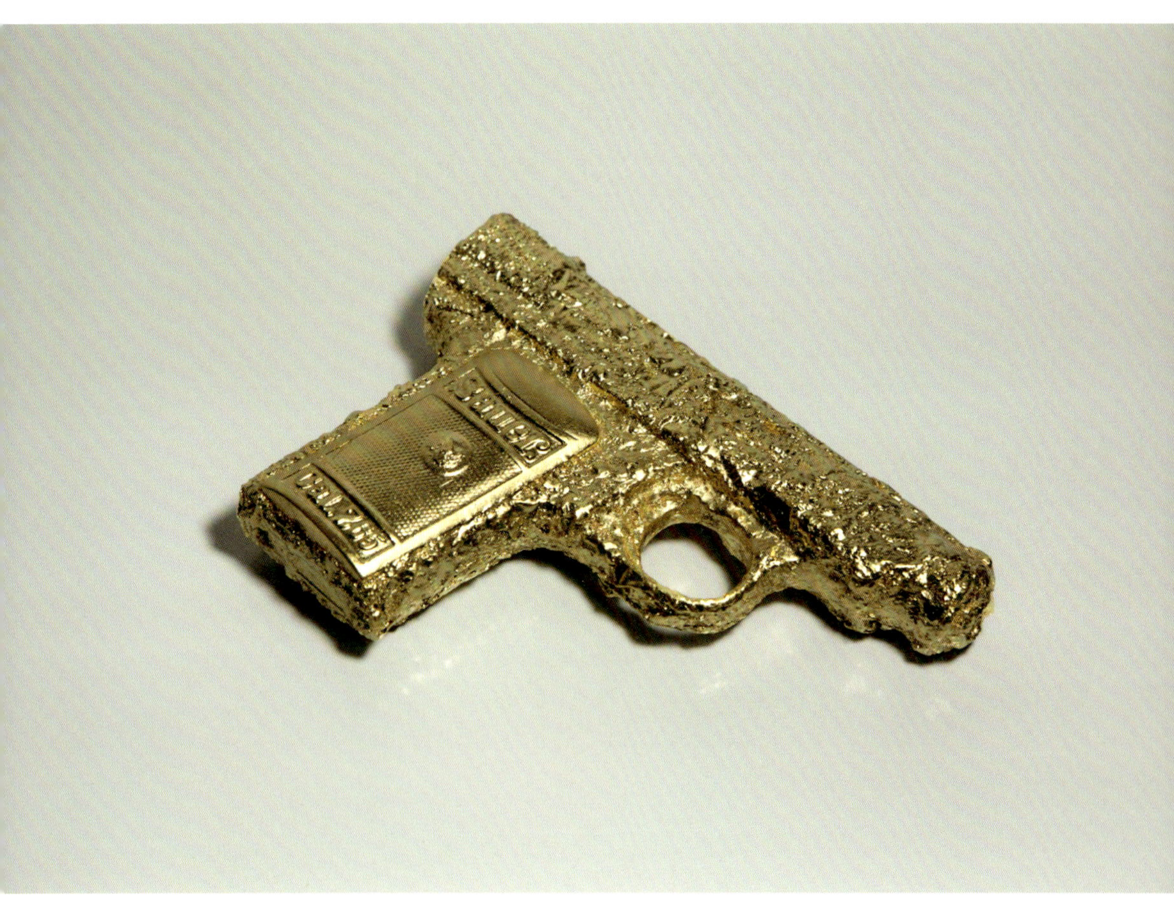

Philip Topolovac
Some people think the past is golden, 2020
Archäologischer Fund (farbige Pistole), Blattgold
Découverte archéologique (pistolet corrodé), feuille dorée
12 × 8 × 3 cm

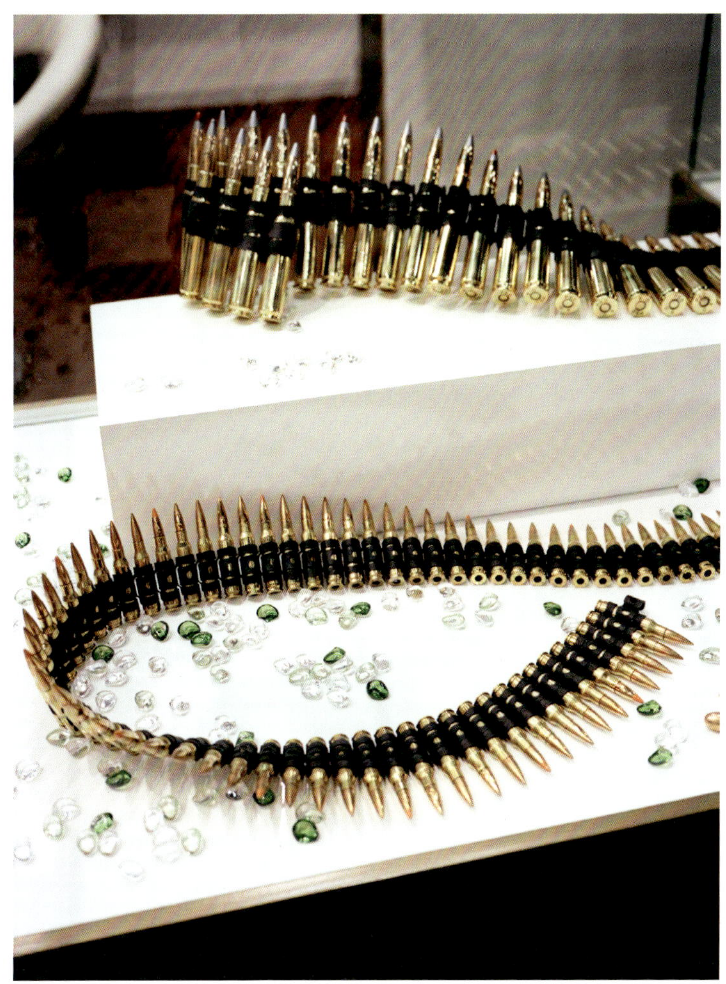

Julian Röder
Untitled (WoW – M: 05), 2011
Archivarischer Pigmentdruck
Tirage pigmentaire d'archives
32 × 24 cm

Julian Röder

Julian Röders seriell angelegte fotografische Arbeit bewegt sich zwischen Formen der Kommunikation und Narration. Sie sind Kunst, Reportage und Dokumentation zugleich. Im Dialog mit der Wirklichkeit provozieren die Bilder zunächst eine andere Betrachtung vom Geschehen und sind dennoch mehr als nur Bestandsaufnahmen oder Protokolle der Gegenwart. Röder fotografiert seit Jahren Szenen von Macht und Kontrolle politischer und wirtschaftlicher Systeme, Kaufrausch, Zerstörung und Liebe. Bekannt wurde der Fotograf mit seiner Serie *The Summits* über Proteste während diverser G8-Gipfel. 2001 dokumentierte er die Ausschreitungen in Genua, bei denen mehr als 300 000 Menschen auf die Straße gingen und ein Demonstrant von der Polizei erschossen wurde. Es sind politisch motivierte Bilder des Widerstands. Durch den konzeptionellen Ansatz erinnert seine Arbeit an historische Sujets aus der Kunstgeschichte oder Motive aus der Werbung. Seine ästhetische Bildersprache, die auf den ersten Blick irritiert, verweist heute auf sozialpolitische Strukturen von Krisen, Einfluss, Gewalt und Ökonomien: In der Schönheit der Bilder lassen sich auf eine unspektakuläre Weise beunruhigende und verstörende Momente finden. Die Werkgruppe *The World of Warfare* (2011) zeigt Ansichten von der weltgrößten Waffenmesse in Abu Dhabi, mit denen Röder die Mechanismen globaler Finanzmärkte und deren Zusammenhänge dokumentiert. Sie werden zu systemrelevanten Denkaufgaben und sind gleichzeitig Teil allgemeiner politischer Debatten mit fotokünstlerischen Mitteln geworden. Die Welt stellt sich heute neuen Herausforderungen und Konfliktsituationen. Diese Anzeichen und die damit in Beziehung gesetzten Wertigkeiten spürt man beim Betrachten der Fotografien von Julian Röder, mit denen er schonungslos auch menschliche Beziehungsgeflechte innerhalb unterschiedlicher Systeme offenlegt.

Son travail photographique en série oscille entre les formes de communication et de narration. Il s'agit d'art, de reportage et de documentation. En dialoguant avec la réalité, les images provoquent d'abord un regard différent sur les événements, et pourtant elles sont plus que de simples inventaires ou reportages du présent. Depuis des années, Julian Röder photographie des scènes de pouvoir et de contrôle des systèmes politiques et économiques, de frénésies d'achat, de destruction et d'amour. Le photographe s'est fait connaître avec sa série *The Summits* sur les manifestations lors de différents sommets du G8. En 2001, il a documenté les émeutes de Gênes, au cours desquelles plus de 300 000 personnes sont descendues dans la rue et un manifestant a été abattu par la police. Ce sont des images de résistance politiquement motivées. Avec une approche conceptuelle, son travail politiquement motivé rappelle également des sujets historiques de l'histoire de l'art ou des motifs de la publicité. Un langage visuel esthétique qui irrite à première vue, mais qui renvoie aujourd'hui à des structures socio-politiques de crises, d'influence, de violence et d'économie : dans la beauté des images, des moments inquiétants et dérangeants se retrouvent de manière peu spectaculaire. Le groupe d'œuvres *The World of Warfare* (2011) présente des vues de la plus grande foire aux armements du monde à Abu Dhabi, avec lesquelles Julian Röder documente les mécanismes des marchés financiers mondiaux et leurs interactions. Elles deviennent des tâches de réflexion systémiquement pertinents et font en même temps partie des débats politiques généraux avec des moyens photo-artistiques. Aujourd'hui, le monde est confronté à de nouveaux défis ainsi qu'à des situations conflictuelles. Ces signes et les valeurs qui leur sont associées se ressentent en observant les photographies de Julian Röder, avec lesquelles il révèle sans relâche les relations humaines au sein de différents systèmes.

Niklas Goldbach

Niklas Goldbach untersucht mit seinen Fotografie- und Videoarbeiten die Spannung und das Verhältnis zwischen gebauten und natürlichen Landschaften, der Gesellschaft und dem Individuum und den Kontroll- und Machtsystemen von bestimmten Bewegungsabläufen bis hin zum ihrem Stillstand. Das Spektrum seiner stilistischen Mittel reicht von der dokumentarischen Bestandsaufnahme bis zur Fiktionalisierung durch die Postproduktion beim Film. Seine foto- und filmkünstlerischen Arbeiten sind zumeist Bestandteil umfangreicher Werkkomplexe, mit denen er sich auf eine bestimmte, fast widersprüchliche Weise und durch fragmentarische Betrachtung den gesellschaftlichen Prozessen in einer neuen, konstruierten Wirklichkeit zwischen funktionaler und kultureller Gestaltung nähert. Über architektonisch austauschbare Erscheinungsbilder moderner und postmoderner Lebenswelten wirken die Motive seiner kritischen Beobachtungen gleichzeitig ortsunabhängig und unspezifisch.

Etwas differenzierter erscheinen die Motive in der mehrteiligen fotografischen Arbeit *ISO 5* (2015), in der Verborgenes und Unsichtbares sichtbar wird. Die Kunst hat sich schon immer für illusionäre Sinnbilder aus realem und künstlichem Licht interessiert. Goldbachs großformatige Fotografien leuchten förmlich. Sie zeigen rätselhaft anmutende sterile Produktionsräume in einem entmaterialisierten Glanz von goldgelbem Lithografielicht, in dem prozessbedingt empfindliche Mikrosysteme hergestellt werden. Sie scheinen Orte zu sein, die von der Öffentlichkeit hermetisch abgeschlossen sind. Handelt es sich bei den geheimnisvoll wirkenden Bildern um ein geheimes Forschungslaboratorium? Oder um einen Marktplatz für immer weiter steigende globale Kapitalerträge für zukünftige goldene Zeiten, die hier zusätzlich vom immateriellen Licht verstärkt werden?

Avec ses travaux photographiques et vidéo, l'artiste explore la tension et les relations entre paysages construits et naturels, la société et l'individu, et les systèmes de contrôle et de pouvoir depuis certaines séquences de mouvements jusqu'à leur arrêt. L'éventail de ses moyens stylistiques s'étend de l'inventaire documentaire à la « fictionnalisation » en passant par la post-production au cinéma. Ses œuvres artistiques photographiques et cinématographiques s'inscrivent généralement dans de vastes œuvres complexes, dans lesquelles il aborde, de manière presque contradictoire et fragmentaire, les processus sociaux dans une nouvelle réalité construite entre conception fonctionnelle et culturelle. Les motifs de ses observations critiques apparaissent à la fois indépendants du lieu et non spécifiques grâce à des apparences architecturalement interchangeables d'environnements de vie modernes et post-modernes.

Quelque chose de différent apparaît dans l'œuvre photographique en plusieurs parties *ISO 5* (2015), dans laquelle le caché et l'invisible deviennent alors visibles. L'art s'est toujours intéressé aux représentations illusoires de la lumière réelle et artificielle. Les photographies grand format de Niklas Goldbach brillent littéralement. Elles présentent des salles de production stériles à l'aspect énigmatique dans une lueur dématérialisée de lumière lithographique jaune d'or, au sein desquelles des microsystèmes sensibles liés aux processus sont fabriqués. Ces lieux semblent être hermétiquement fermés au public. Ces images mystérieuses sont-elles un laboratoire de recherche secret ? Ou un marché pour des rendements mondiaux du capital toujours croissants en vue d'un futur âge d'or, qui sont encore renforcés ici par la lumière immatérielle ?

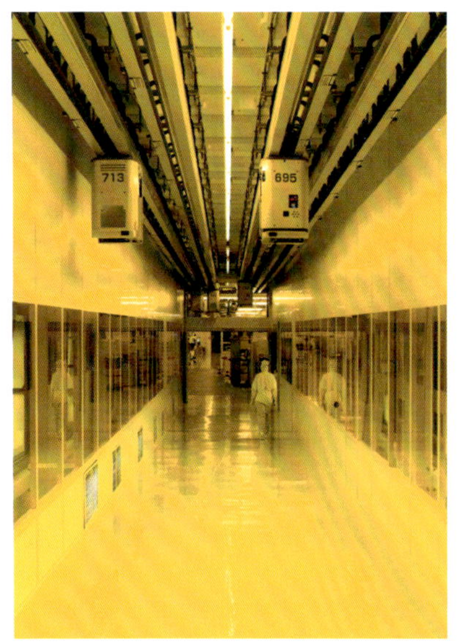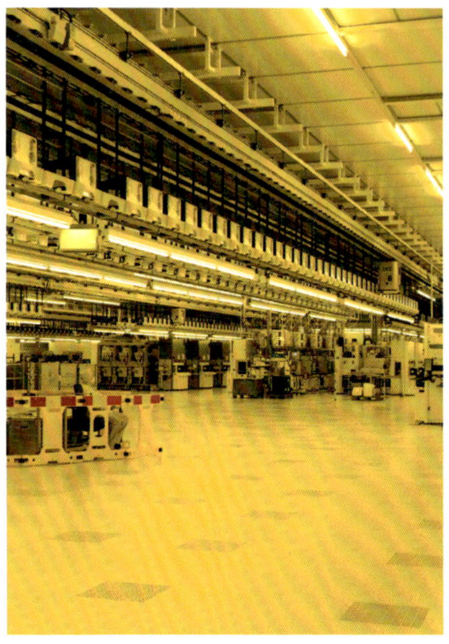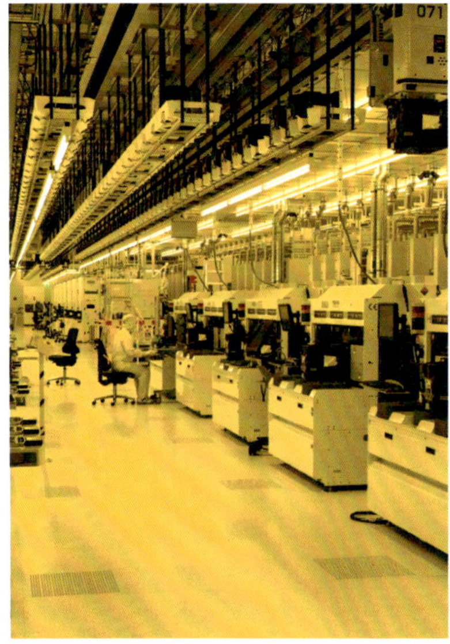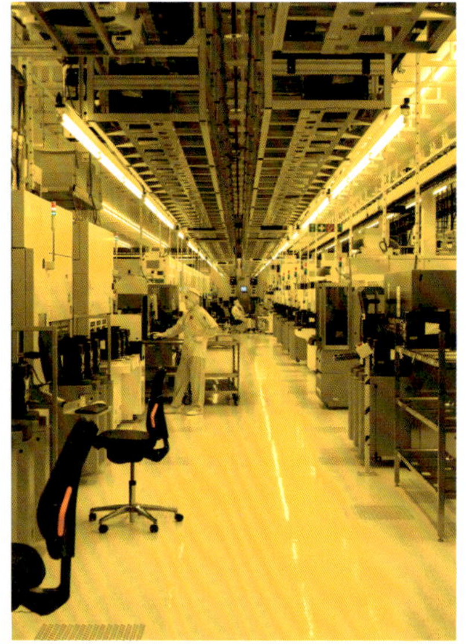

Niklas Goldbach
ISO 5, 2017
8 archivarische Pigmentdrucke, Silikonkaschierung hinter mattem Acrylglas
8 tirages pigmentaires d'archives, pelliculage silicone monté sur verre acrylique mat
140 × 100 cm

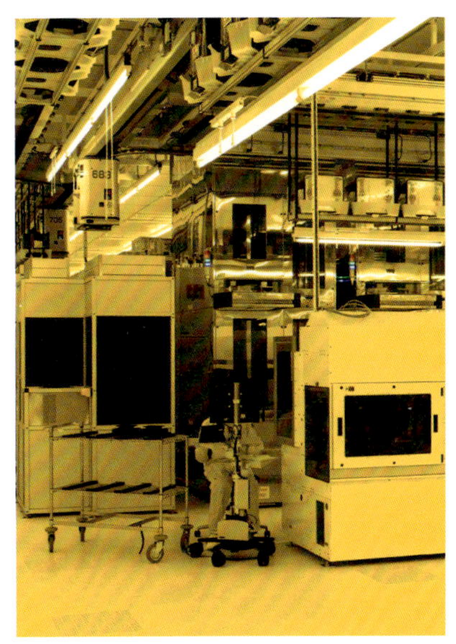
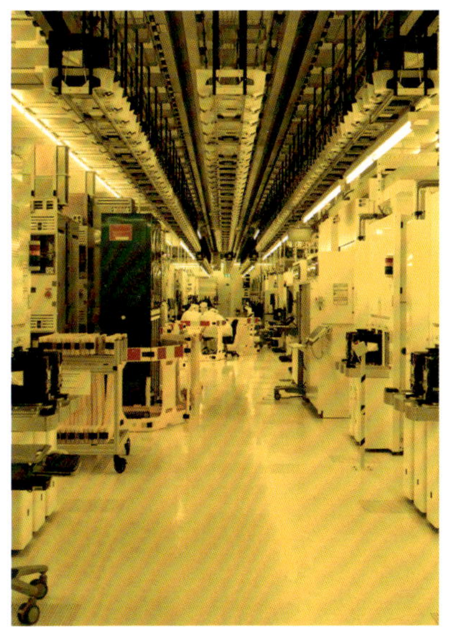
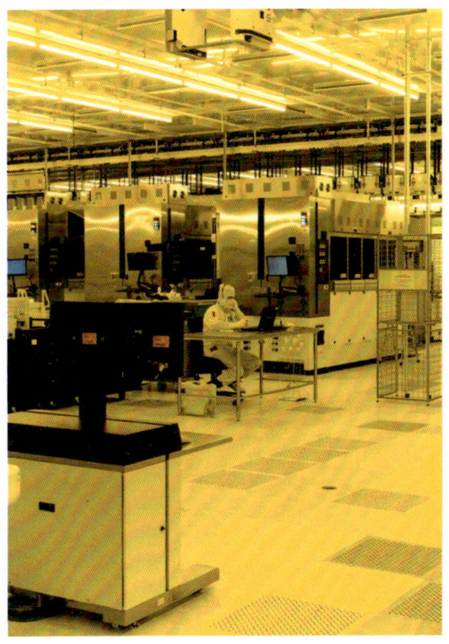
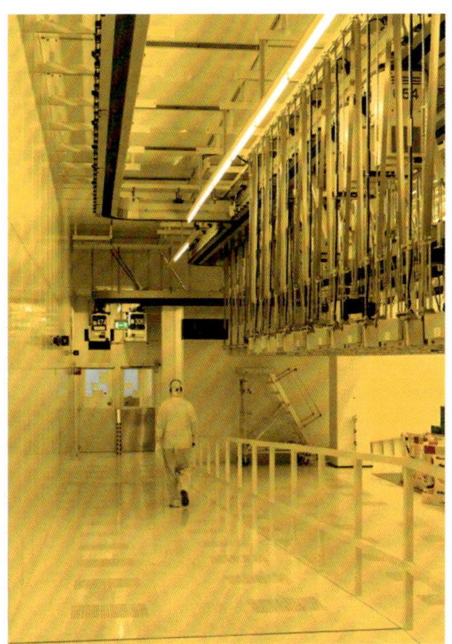

Olivia Berckemeyer
Memento Mori – Golden Mask, 2020/2021
Bronze, vergoldet
Bronze doré
28,4 × 10,8 × 3,6 cm

OLIVIA BERCKEMEYER

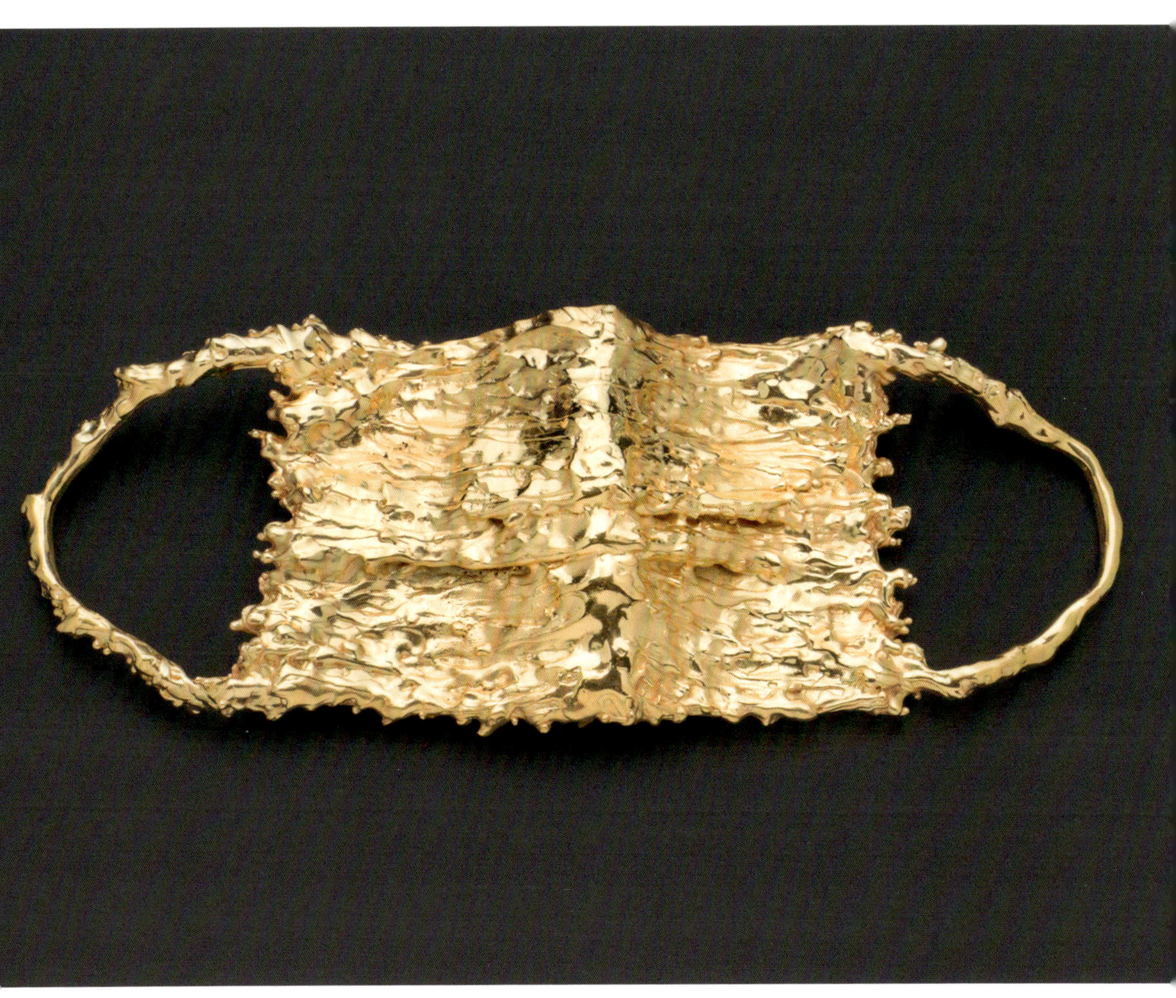

Die künstlerische Arbeit von Sebastian Neeb zwischen Malerei und Bildhauerei ist bestimmt von zumeist vertrauten Darstellungsformen und Objekten, die nicht nur formal das kulturelle Gedächtnis unserer westlichen Gesellschaft geprägt, sondern auch eine symbolisch aufgeladene Bedeutung haben. Diese Aneignung ist mehr als nur die Konfrontation mit historischer Zuschreibung und kunsthistorischen Referenzen. Das altmeisterliche Handwerk des Vergoldens wird in der Serie *Trophies for Outstanding Performance Over Decades* von Sebastian Neeb weitergeführt, allerdings ohne die ideale Form zu übernehmen. Einstige Trophäen werden dekonstruiert, zerlegt und zu neuen Objekten verformt, ausgenommen die vergoldeten Oberflächen. Ihr zweifelhafter Glanz ist geblieben, aber welche ausgeführten Handlungen und erbrachten Leistungen werden ihnen jetzt zugeschrieben? Auf eine ironische Art und Weise hinterfragt und kommentiert der Künstler die allgegenwärtige individuelle Obsession, immer perfekt sein zu wollen, und die damit verbundenen Mechanismen sowie den Optimierungswahn in heutigen Gesellschaften. Gleichzeitig reflektieren seine Pokale die gesamtgesellschaftliche Verantwortung jedes Einzelnen, die Gefahr läuft zu verschwinden und damit zu Nonsens-Leistungen zu verschmelzen.

Nachwirkung haben auch seine vergoldeten Miniaturen *Dilettante Kartoffeln wetteifern um die Gunst des Vaters* (2020–2021 und fortlaufend), die sich in der Masse über fratzenartige Gesten im Gesicht zu behaupten scheinen. Als eigene ästhetische Kategorie zwischen Selbstdarstellung und Anerkennung eröffnen sie den Dialog mit dem Publikum – uneindeutig bleibt der schwarze, unbehandelte Kopf des im Titel genannten „Vaters", trotz seiner Zuweisung zu dieser fortgeführten seriellen Arbeit.

Son travail artistique entre peinture et sculpture est déterminé par des formes de représentation et des objets pour la plupart familiers qui ont non seulement façonné formellement la mémoire culturelle de notre société occidentale, mais ont aussi une signification symboliquement chargée. Cette appropriation est plus que la simple confrontation avec l'attribution historique et les références à l'histoire de l'art. L'artisanat des maîtres anciens se poursuit dans la série *Trophies for Outstanding Performance Over Decades* (Trophées pour des performances exceptionnelles sur des décennies) de Sebastian Neeb, mais sans en adopter la forme idéale. Les anciens trophées sont déconstruits, démontés et transformés en nouveaux objets, à l'exception des surfaces dorées. Leur éclat douteux est resté, mais quelles actions accomplies et réalisations leur sont désormais attribuées ? De manière ironique, l'artiste questionne et commente l'obsession individuelle omniprésente d'être toujours parfait et les mécanismes qui y sont associés, ainsi que l'obsession de l'optimisation dans la société actuelle. En même temps, ses trophées reflètent la responsabilité sociale de chaque individu, qui risque de disparaître et de se fondre ainsi dans des performances absurdes.

Ses miniatures dorées (*Dilettante Kartoffeln wetteifern um die Gunst des Vaters*, 2020 en cours), qui semblent s'affirmer dans la foule à travers des gestes faciaux grotesques, ont aussi une certaine postérité. En tant que catégories esthétiques propres, entre représentation de soi et reconnaissance, elles ouvrent le dialogue avec le public – la tête noire, non traitée, reste ambiguë, malgré son affectation dans le titre de cette suite de l'œuvre sérielle.

Sebastian Neeb
Dilettante Kartoffeln wetteifern um die Gunst des Vaters, 2020–2022 (fortlaufend)
40 schwarze Keramiken, glasiert und vergoldet, Stahl
En cours 40 poteries noires, émaillées et dorées, acier, environ
ca. 4 × 4 × 6 cm (den ungefähren Maßen eines Kopfes entsprechend)

SEBASTIAN NEEB

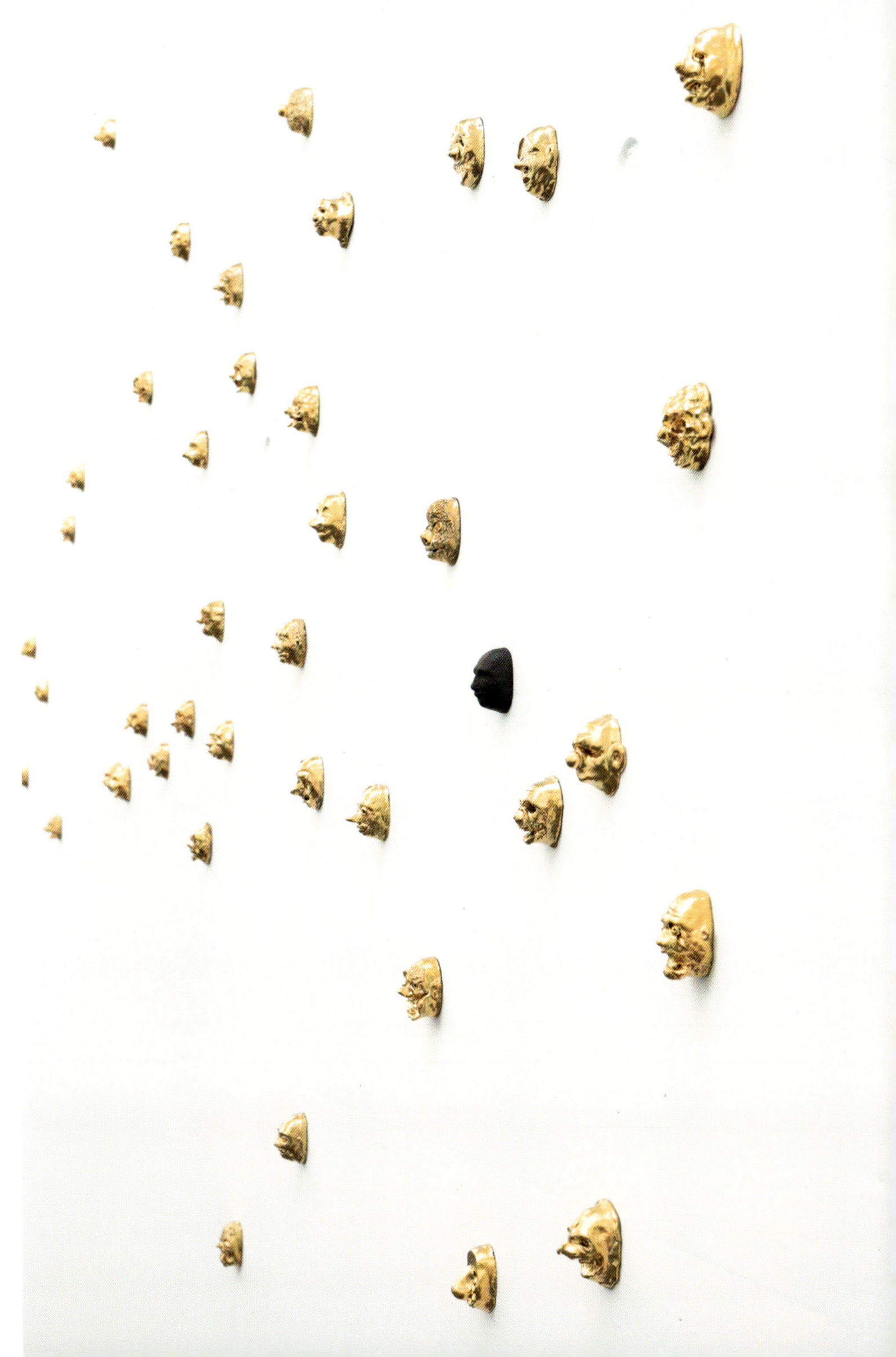

Die Künstlerin Antje Blumenstein arbeitet in Serien und Werkgruppen, in denen sie mithilfe der Verwendung unterschiedlicher Materialien vor allem künstlerische Prozesse untersucht. Mit ihren Objekten und raumfüllenden Installationen kommuniziert sie über Formen der Darstellbarkeit von Raum und gleichzeitig mit dem Raum selbst. Licht und reflektierende Oberflächen verwendete sie bereits in ihren früheren Arbeiten. Es sind vorgefundene Materialien, mit denen Blumenstein die ideale Skulptur und vertraute Formen oder die Vorstellung davon aktualisiert und in der Gegenwart eine neue Symbolik erzeugt. Zwischen unvollkommener Formfindung und vollkommen neuen Attributen regen die skulpturalen Kompositionen und Gegenstände an, andere ästhetische und repräsentative Bezüge (*Das Ende der Revolution*, 2011) in einer bürgerlich-demokratisch geprägten Wirklichkeit herzustellen. Blumenstein wiederholt den Typus in der Serie *Glauben an den Glamour* (2009). Formen der Schönheit bestehen hier aus preisgünstigen Baumarktmaterialien, PU-Schaum, PVC, MDF, Glasperlen oder auch textilen Bordüren. Die künstlich grell leuchtende, sich am Rand des Kitsches bewegende Ornamentik widersteht einerseits simplen Zuordnungsmechanismen und bleibt andererseits dennoch als Zitat klassischer Denkmals- und Sockelformen erkenn- und lesbar. Mit kunsthistorischen und gesellschaftspolitischen Referenzen werden sie heute auf eine ironische Weise zum Kommentar kultureller Prägung und erlauben gleichzeitig, das kollektive Verhältnis zu Produktion und Repräsentation im Wandel der Zeit zu hinterfragen.

L'artiste travaille par séries et groupes d'œuvres, dans lesquelles elle explore principalement la genèse des processus artistiques à travers l'utilisation de différents matériaux. Avec ses objets et ses installations qui remplissent l'espace, elle communique avec des formes de représentation de l'espace et en même temps avec l'espace lui-même. Elle a déjà utilisé des surfaces lumineuses et réfléchissantes dans ses œuvres antérieures. Il s'agit de matériaux trouvés qu'Antje Blumenstein utilise pour mettre à jour la sculpture idéale et les formes familières ou l'imagination, créant un nouveau symbolisme dans le présent. Entre recherche de forme imparfaite et attributs complètement nouveaux, les compositions sculpturales et les objets incitent à créer d'autres références esthétiques et représentatives (*Das Ende der Revolution*, 2011) dans une réalité façonnée par une démocratie bourgeoise. Antje Blumenstein répète ce type dans la série *Glauben an den Glamour* (2009). Les formes de beauté consistent en des matériaux de bricolage peu coûteux, en PVC mousse PU, en MDF, de perles de verre ou bordures textiles. L'ornementation artificiellement flagrante, à la limite du kitsch, résiste d'une part aux simples mécanismes de classification, mais reste d'autre part reconnaissable et lisible comme une citation des formes classiques des monuments et des socles. Avec des références à l'histoire de l'art et à la politique sociale, les œuvres deviennent, de manière ironique, un commentaire sur l'empreinte culturelle et permettent en même temps d'interroger le rapport collectif à la production et à la représentation au fil du temps.

Antje Blumenstein
Glaube an den Glamour 5, 2009
PU-Schaum, Bordüren, MDF, Glas
Mousse PU, bordures, MDF, verre
160 × 43 × 40 cm

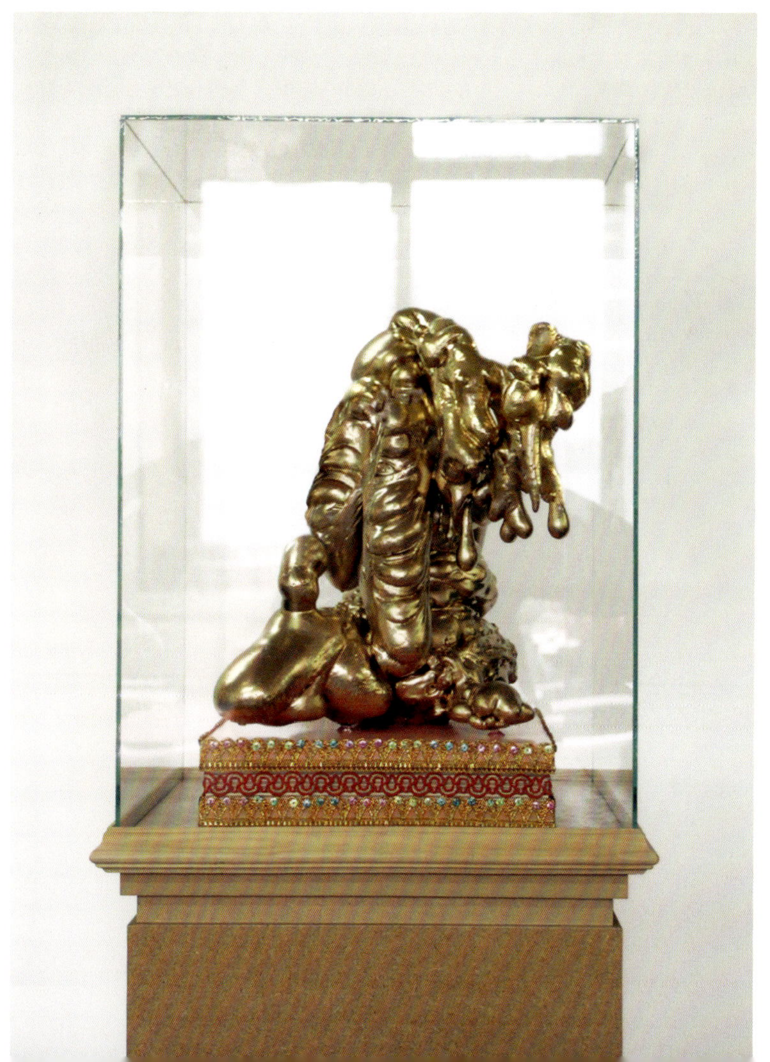

Neben seiner langjährigen filmkünstlerischen Praxis, in der er auch seine eigene Identität als Fremder in verschiedenen Kulturen thematisiert hat und die ihn als Künstler bekannt machte, malt und zeichnet David Krippendorff auch auf Papier. Es sind Arbeiten, die oft in Zusammenhang mit den Filmen (ent)stehen, so zum Beispiel die Serie von golden überschriebenen Notenblättern, die begleitend zu dem preisgekrönten Film *Nothing Escapes My Eyes* (2015) über das Konzept von Assimilation und Zugehörigkeit entstanden sind. Der Film ist an Giuseppe Verdis Oper *Aida* und deren Entstehungsgeschichte angelehnt, die als Auftragswerk im neu errichteten Opernhaus in Kairo 1871 nach einigen Verzögerungen uraufgeführt wurde.

In dem Drama geht es um Liebe, Verrat, Fremdherrschaft und Exil. Der künstlerische Kurzfilm ist ein zeitgenössischer Kommentar zu Migration und Flucht aus Krisenregionen. Kommentare zum und Übersetzungen des Librettos sind auch die vergoldeten Überschreibungen des Künstlers mit arabischer Schrift und islamischen Ornamentapplikationen auf den *Aida*-Partituren. Diese hinzugefügte „orientalisierte" Erzählebene erlaubt nicht nur eine neue Leseart, sondern auch die Neubetrachtung von historischem Material und den damit verbundenen politischen Zusammenhängen. Möglicherweise können dazu sowohl die Oper als auch die überschriebenen Papierarbeiten von Krippendorff als eine versöhnliche Geste neu betrachtet und gelesen werden. Gleichzeitig können sie über die Deutung der kalligrafischen Schriftzüge (die Titel der Blätter entsprechen der Übersetzung aus dem Arabischen) als Kommentare zum gegenwärtigen Zustand von Fremdsein weitergedacht werden, um andere Fragen nach nationaler und kultureller Identität, Heimat und Verlust zu stellen.

En plus de ses nombreuses années de pratique artistique dans le cinéma, dans lesquelles il a également abordé sa propre identité d'étranger dans diverses cultures et l'a fait connaître en tant qu'artiste, David Krippendorff peint et dessine également sur papier – ce sont des œuvres en lien avec les films. C'est ce qu'il a développé dans la série de partitions de musique surchargées d'or qui accompagnent le film primé *Nothing Escapes My Eyes* (2015) sur le concept d'assimilation et d'appartenance. Le film est basé sur l'opéra *Aida* de Giuseppe Verdi et son histoire en tant qu'œuvre commandée pour l'ouverture de l'opéra nouvellement construit le 1er novembre 1869 au Caire et où Aida a été créée, mais reportée plusieurs fois pour des raisons politiques.

Le drame parle d'amour, de trahison, de domination étrangère et d'exil. Le court métrage artistique est un commentaire contemporain sur la migration et la fuite des régions en crise. Les commentaires et les traductions du livret sont également les sur-écritures dorées de l'artiste avec l'écriture arabe et les applications ornementales islamiques sur les partitions d'Aida. Ce niveau narratif « orientalisé » ajouté permet non seulement une nouvelle lecture, mais aussi la reconsidération du matériel historique et du contexte politique associé. Il est possible que l'opéra et les œuvres sur papier de Krippendorff puissent être vues puis lues à nouveau comme un geste de réconciliation. En même temps, l'interprétation des écrits calligraphiques (les titres des feuilles correspondent à la traduction de l'arabe) comme commentaires sur l'état actuel de l'étranger, permettra de poser aujourd'hui d'autres questions sur l'identité nationale et culturelle, la patrie et la perte.

David Krippendorff
Death to the Foreigner, 2017
Blattgold auf Partitur
Feuille dorée sur partition
31 × 23 cm

DAVID KRIPPENDORFF

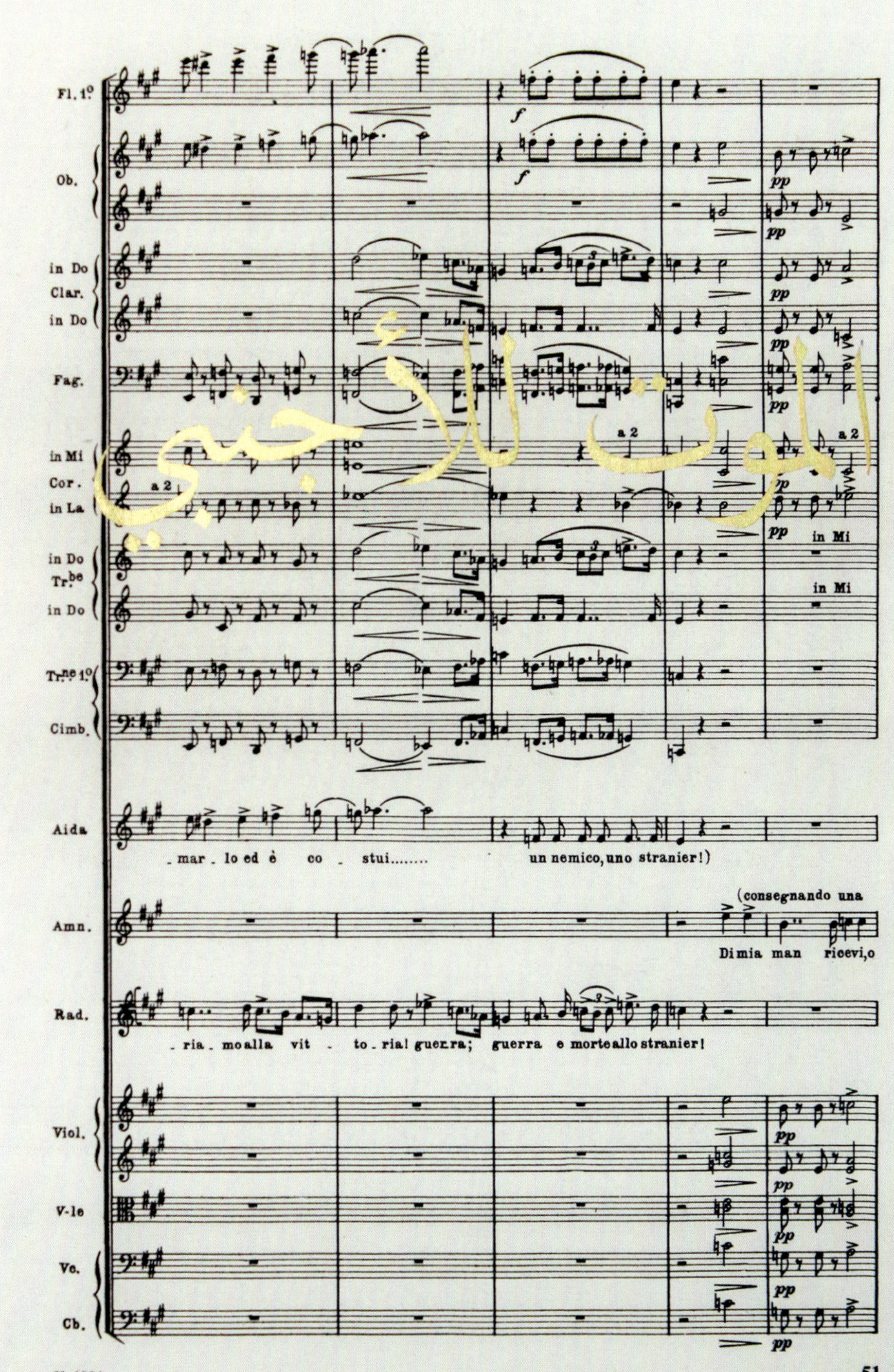

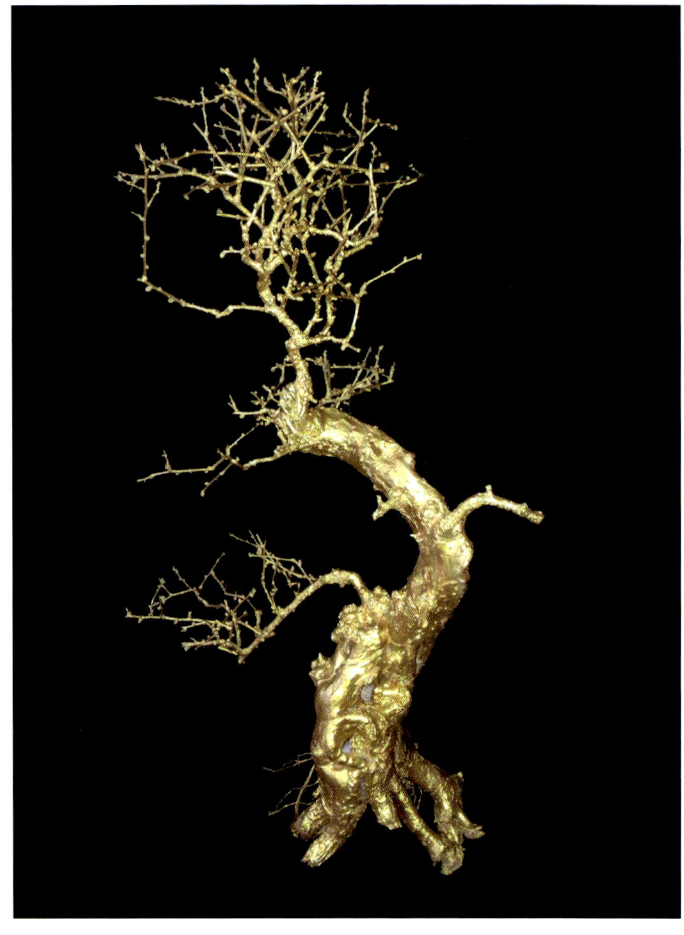

Marianne Engel ist Naturwissenschaftlerin und interessiert sich in ihrer künstlerischen Arbeit aus Fotografie, Objekten und Inszenierungen für die verborgenen und geheimnisvollen Bereiche des Natürlichen, zumeist das Leben von Pflanzen. Dabei spielt die Imagination eine nicht unwesentliche Rolle und erlaubt so, Realitätsebenen anders erlebbar zu machen. Mit künstlerischen Mitteln werden Objekte wiederbelebt. Engel beschäftigt sich mit natürlichen Transformationsprozessen von Lebensformen zwischen Werden und Vergehen: Es ist vielmehr ein geistiger und schöpferischer Zustand und weniger die Urform der Natur, die wiederum beim Erforschen ihrer Darstellungen eingeatmet wird. Ihre Kunst muss nach eigener Aussage leuchten, so auch die mit Goldspray hin zum ewigen Leben besprühten und zuvor abgestorbenen Bäume: *Goldener Bonsai* und *Dunkelgoldener Bonsai* (2017). Die Künstlerin ist nicht an Abbildern oder Nacherzählungen interessiert, sondern möchte Assoziationsräume öffnen, die geheimnisvoll und suggestiv sind. Es ist vielmehr das Kreieren von aufgeladenen Atmosphären und Stimmungsbildern, in denen nicht nur das Zeitliche konserviert bleibt, sondern auch das unterbewusste Verhältnis Mensch – Natur. Die vergoldeten Oberflächen leuchten und erscheinen immateriell wie Hologramme im Raum, die auch wieder verschwinden – es könnte das „verlorene Paradies" sein.

MARIANNE ENGEL

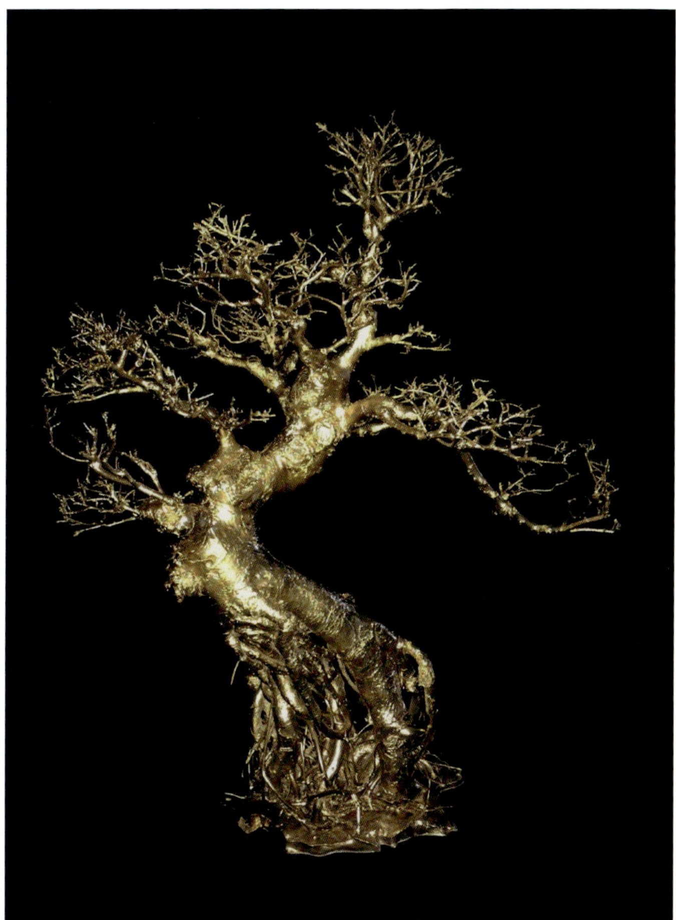

Marianne Engel
Dunkelgoldener Bonsai, 2017
Bonsai, Goldspray,
Beton, Nachleuchtpigment
Bonsaï, spray doré, béton,
pigment rémanent
70 × 45 × 40 cm

Marianne Engel est une naturaliste et s'intéresse, dans son travail artistique composé de photographie, d'objets et de mise en scène, aux zones cachées et mystérieuses de la nature, et surtout la vie des plantes. L'imaginaire joue ici un rôle non négligeable et permet d'expérimenter différents niveaux de réalité : les objets sont ramenés à la vie par des moyens artistiques. Marianne Engel s'intéresse aux processus naturels de transformation des formes de vie entre le devenir et la disparition : il s'agit plutôt d'un état spirituel et créatif que des archétypes de la nature, à son tour est insufflée lors de l'exploration de ses représentations. Selon sa propre déclaration, son art est lumineux, tout comme les arbres précédemment morts, qui ont été pulvérisés avec un spray d'or pour la vie éternelle : *Goldener Bonsai* et *Dunkelgoldener Bonsai, 2017*. L'artiste ne recherche pas d'images ni de récits, mais elle souhaite plutôt ouvrir des espaces d'association mystérieux et suggestifs. Il s'agit plutôt de créer des atmosphères chargées et d'images d'ambiance dans lesquelles le temporel reste préservé mais aussi la relation subconsciente entre l'homme et la nature. Les surfaces dorées brillent et apparaissent immatériellement comme des hologrammes dans l'espace, qui disparaissent également à nouveau - ce pourrait être le « paradis perdu ».

VIA LEWANDOWSKY

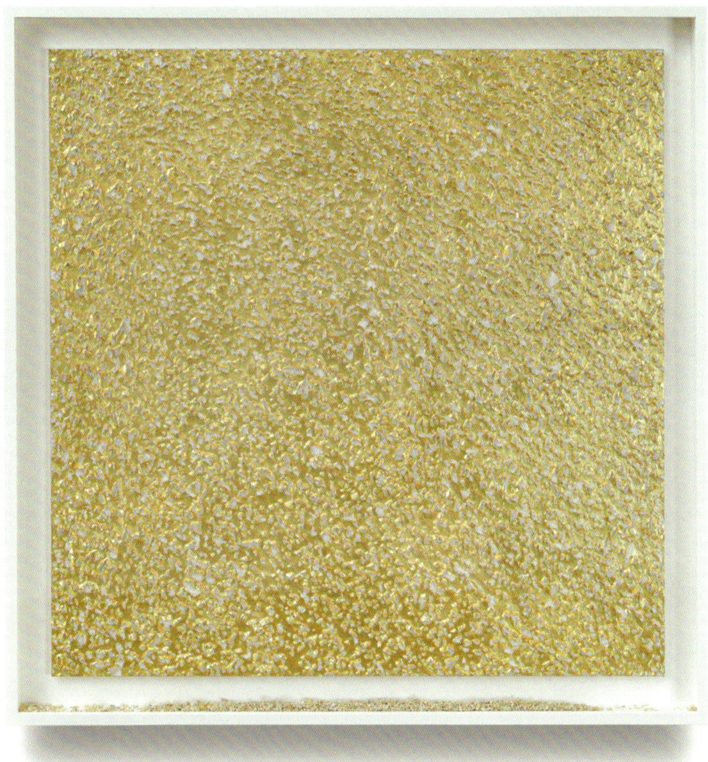

Via Lewandowsky
Goldene Schnitte #2, #4, 2020
Raufasertapete, vergoldet und entfasert
Papier peint ingrain, doré et défibré
52,5 × 52,5 cm

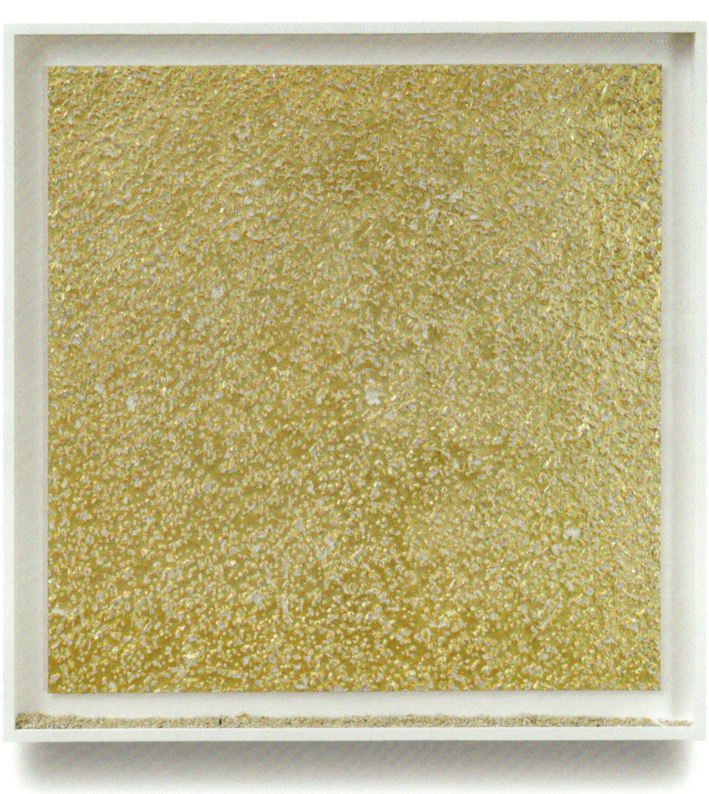

Eckart Hahn
Beauteousness, 2011
Verschiedene Materialien
Support mixte
500 × 140 × 250 cm

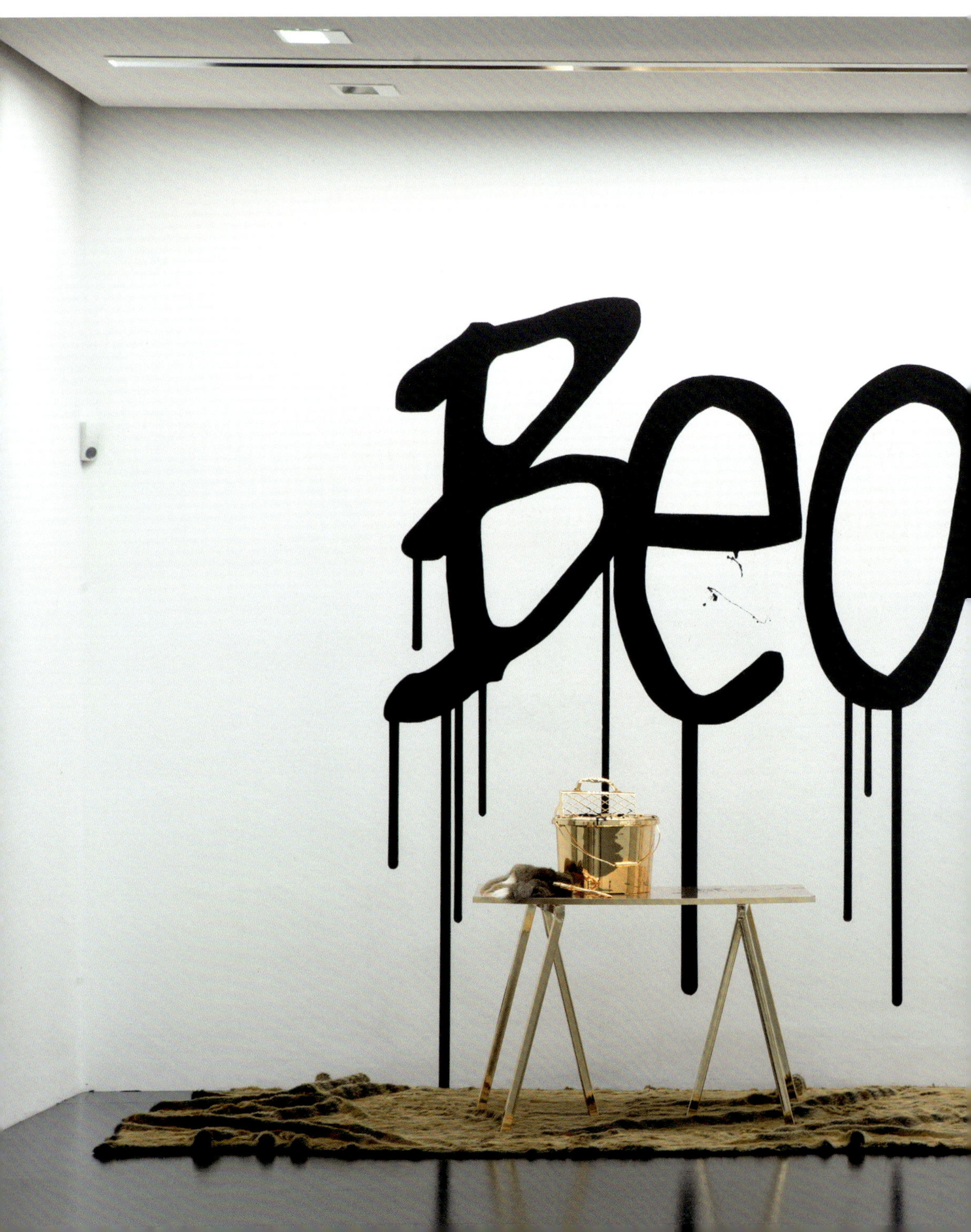

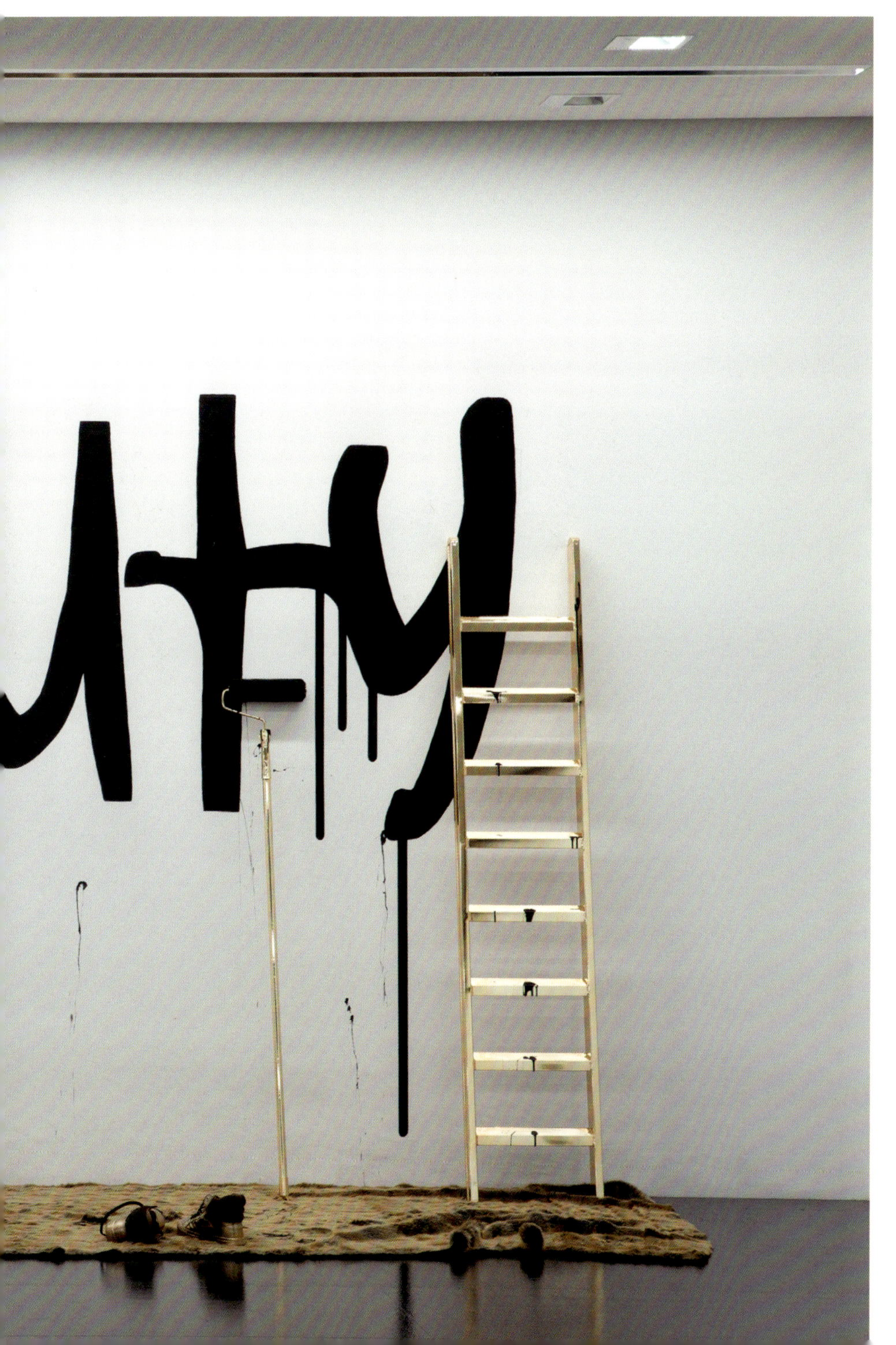

Weltbekannt für ihre reduzierten, aber dennoch poetischen Gesten, ermöglichen die künstlerischen Choreografien von Karin Sander ein erhöhtes (ästhetisches) Potenzial, im Wenigen mehr zu sehen. Sander beschäftigt sich mit sozialgesellschaftlichen Bedingungen, befragt als Künstlerin das Verhältnis zwischen Autor:innen, Werk und Rezipient:innen und zum künstlerischen Medium selbst. Es ist ein fortlaufend stattfindendes, partizipatives Wechselspiel. Sie greift meist mit ihren ortsspezifischen Interventionen in bestehende Situationen und Strukturen ein, thematisiert deren (institutionelle) soziale Bedingungen und lädt zur Teilnahme ein. Sander interessieren Wahrnehmungsprozesse und sie konfrontiert die Erwartungen der Betrachter:innen mit einem erweiterten Selbstverständnis von Kunst.

Die Künstlerin arbeitet und erforscht mit dem Vorhandenen in der Tradition der Readymades das Potenzial der Dinge und überträgt es mit subtilen Eingriffen in eine andere Materialität. Mit ihren Erkundungen nähert sie sich den Fragen nach der Differenz zwischen Alltäglichkeit und Kunst. Vieles sieht nach wenig Kunst aus. Sie macht nach eigener Aussage „etwas sichtbar, was schon da ist, sich aber in einem Zustand befindet, der nicht wahrgenommen wird, in einem Zustand der Latenz". Formal orientieren sich ihre konzeptionelle Arbeit und ihre künstlerischen Prozesse an der Klarheit und Präzision der Minimal Art.

Ein Stück geschnittene Tapete, *BRD, Rauhfaser, gold* (2016), ist vergoldet und Teil eines schlichten Wandstücks. Bild und Bildträger verschmelzen. Das sonst nicht Wahrgenommene wird in seinem veränderten Zustand sichtbar – und scheinbar Vertrautes in der gegebenen Wirklichkeit in eine andere weitergedacht und Konventionen aufgebrochen. Die Raufasertapete ist ein Beitrag deutscher Erfindungsgeschichte und wurde vom Apotheker Hugo Erfurt (1834–1922) seinerzeit noch unter dem Namen „Rauhfaser" erfunden. Ihren ersten großen Aufschwung erlebte die Tapete mit dem Bauhaus. Für die revolutionäre Denk- und Gestaltungsschule war die einfarbige Wand der Gegenentwurf zum biedermeierlichen und kleinbürgerlichen Ornament. Heute gilt sie zunehmend nur noch als Produkt und Wandbelag einer gestrigen Generation und wirkt im Ausstellungskontext fast wie ein historisches Artefakt. Der Titel der Arbeit lässt gleichzeitig über die alte bundesrepublikanische Vergangenheit spekulieren.

Reconnues dans le monde entier pour leurs gestes réduits mais poétiques, ses chorégraphies artistiques permettent de voir un potentiel (esthétique) accru dans le petit plus. Karin Sander s'intéresse aux conditions socio-sociales, interroge en tant qu'artiste la relation entre auteur – œuvre – destinataire et celle du moyen artistique en lui-même. C'est une interaction participative qui se met désormais en place. Elle intervient généralement dans des situations et des structures existantes avec ses interventions spécifiques au lieu et aborde leurs conditions sociales (institutionnelles) en invitant à la participation. Karin Sander s'intéresse aux processus de perception et confronte les attentes du spectateur à une image de soi de l'art.

L'artiste travaille et explore le potentiel des choses avec ce qui est disponible dans la tradition des readymade, et le transpose dans une autre matérialité par des interventions subtiles. Avec ses explorations, elle aborde des questions sur la différence entre la vie quotidienne et l'art. Beaucoup ressemble peu à de l'art. Elle rend « visible quelque chose qui est déjà présent mais qui est dans un état qui n'est pas perçu, dans un état de latence » (K. Sander). Sur le plan formel, son travail conceptuel et ses démarches artistiques reposent sur la clarté et la précision du Minimal Art.

Un morceau de papier peint découpé, *BRD, Rauhfaser, gold* (2016) est doré et fait partie d'un morceau de mur uni. L'image et le support d'image fusionnent. Ce qu'on ne perçoit pas habituellement devient visible dans son état modifié – et ce qui semble familier dans la réalité donnée est repensé dans une autre. Ainsi, les conventions sont brisées. Le papier peint ingrain est une contribution à l'histoire de l'invention allemande et a été inventé par le pharmacien Hugo Erfurt (1834–1922) à l'époque sous le nom de « Raufaser (ingrain) ». Le papier peint a connu son premier grand boom avec le Bauhaus. Pour cette école de pensée et de design révolutionnaire, le mur monochrome était l'antithèse de l'ornement Biedermeier et petit-bourgeois. Aujourd'hui, il est de plus en plus considéré comme un matériau de la génération passée et, dans le contexte de l'exposition, apparaît presque à un artefact historique.

Karin Sander
BRD, Rauhfaser, gold, 2016
Rahmenloser Bilderhalter, Rauhfaser
(Erfurt Nr. 80, Royal), Wandfarbe
Porte-photo sans cadre, copeaux de bois
(Erfurt No. 80, Royal), peinture murale
DIN A3 42 × 29,7 cm

Die Kunst von Andrea Pichl beschäftigt sich mit räumlicher Wahrnehmung und Wirkung, die bestimmte Dynamiken und kulturelle Verhältnisse bewirken und widerspiegeln. Die Künstlerin ist bekannt für die Entwicklung ortsspezifischer Installationen und Interventionen, mit denen sie auf Strategien urbaner Lebensbedingungen, Strukturen und Architekturen reagiert. Vorzugsweise arbeitet Andrea Pichl mit Appropriationen von banalen Alltagsgegenständen, die sie sich selbst für ihre raumbezogenen Arrangements aneignet und in andere Zusammenhänge stellt. Über das Besprühen ihrer Oberflächen (*Kapelle*, 2018) werden sie aufgewertet. In der neuen visuellen und materiellen Zusammenstellung liefern die Objekte Impulse über Geschmack und Formgestaltung hinaus. Ihre Bedeutungszuweisung wird zu einem komplexeren kulturhistorischen Narrativ erweitert. Welche Fragen über die Entwicklung einer Gesellschaft werden gestellt? Welches Wissen bleibt und lässt sich in den neu geschaffenen Artefakten noch dechiffrieren? Konkrete Antworten darauf zu finden, überlässt die Bildhauerin den Rezipient:innen und kollektiven Prägungen. Ihre Skulpturen und Installationen aus vertrauten Produkten unserer Alltagskultur offenbaren vielmehr ein (interaktives) Wechselspiel und das Potenzial von Transformationsprozessen, aber auch das Verhältnis nicht nur untereinander, sondern auch zu uns Menschen. Gleichzeitig interessiert sich die Künstlerin für das Auflösen von zugedachten Bestimmungen und Eigenschaften. Und dennoch macht sie aus einer beobachtenden Perspektive mit den Dingen subtile Beziehungen und Spuren sichtbar – es ist der Versuch, an Orten über Bedingungen zu reflektieren und sie über eine gegenwärtig differenziertere Geschichtsschreibung vor dem Verschwinden zu bewahren. Die veredelten Bauelemente aus Gips sind zeitgenössische archäologische Verweise, kommunizieren später mit dem Ausstellungsraum und werden fast unauffällig dazugelegt, hingestellt oder ergänzen die vorhandene Struktur. Grundrisse und Pläne sind Quellen für Pichls künstlerische Raumnutzung, bei der sie einfache Materialien kombiniert, neu inszeniert und referiert.

Son art s'intéresse à la perception spatiale et aux effets qui provoquent et reflètent certaines dynamiques et relations culturelles. L'artiste est connue pour développer des installations ainsi que des interventions in situ qui répondent aux stratégies des conditions de vie, des structures et de l'architecture urbaines. Andrea Pichl travaille de préférence avec des appropriations d'objets quotidiens banals, qu'elle s'approprie pour ses agencements spatiaux et les place dans d'autres contextes. Ils sont mis en valeur par la pulvérisation de leurs surfaces (*Kapelle*, 2018). Dans cette nouvelle composition visuelle et matérielle, les objets donnent des impulsions qui vont au-delà du goût et de la conception des formes. Leur attribution de signification est étendue à un récit culturel et historique plus complexe. Quelles sont les questions posées sur le développement d'une société ? Quelles connaissances subsistent et peuvent encore être déchiffrées dans les artefacts nouvellement créés ? La sculptrice laisse aux destinataires et aux influences collectives le soin de trouver des réponses concrètes. Ses sculptures et installations réalisées à partir de produits familiers de notre culture quotidienne révèlent plutôt une interaction (interactive) et le potentiel de processus de transformation, mais aussi la relation non seulement entre eux, mais aussi avec nous, les humains. En même temps, l'artiste s'intéresse à la dissolution des déterminations et des propriétés attribuées. Et pourtant, dans une perspective d'observation, elle rend visibles des relations et des traces subtiles avec les choses – c'est une tentative de réfléchir sur les conditions des lieux et de les capter avant qu'elles ne disparaissent via une historiographie actuellement plus différenciée. Les éléments de construction en plâtre affinés sont des références archéologiques contemporaines, communiquent plus tard avec l'espace d'exposition et sont presque discrètement ajoutés, placés ou complétés par la structure existante. Les plans et schémas sont des sources pour l'utilisation artistique de l'espace par Andrea Pichl, qui combine des matériaux simples, les remet en scène et y fait référence.

Andrea Pichl
Gipselement, 2018
Gips, farbig pigmentiert
Größe variabel
Gypse, pigmenté coloré
Taille variable

ANDREA PICHL

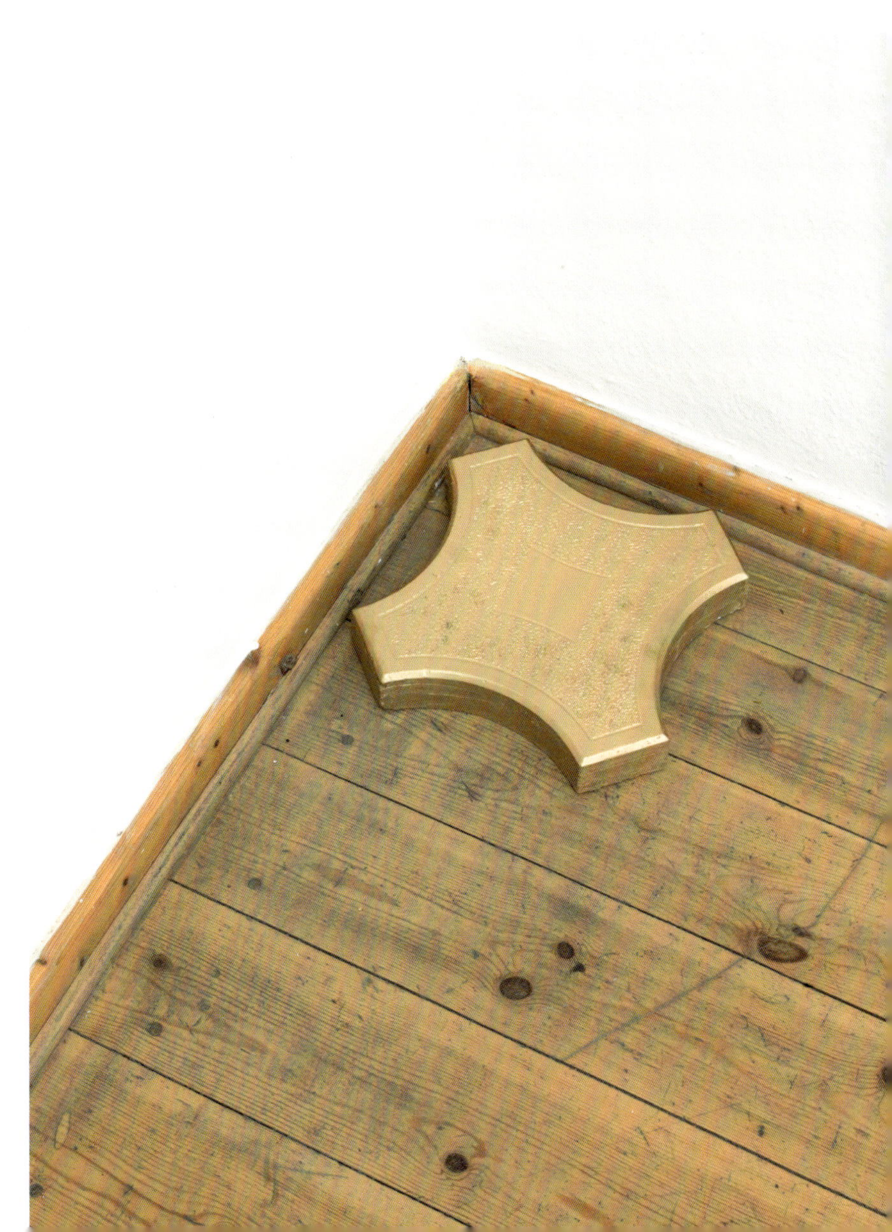

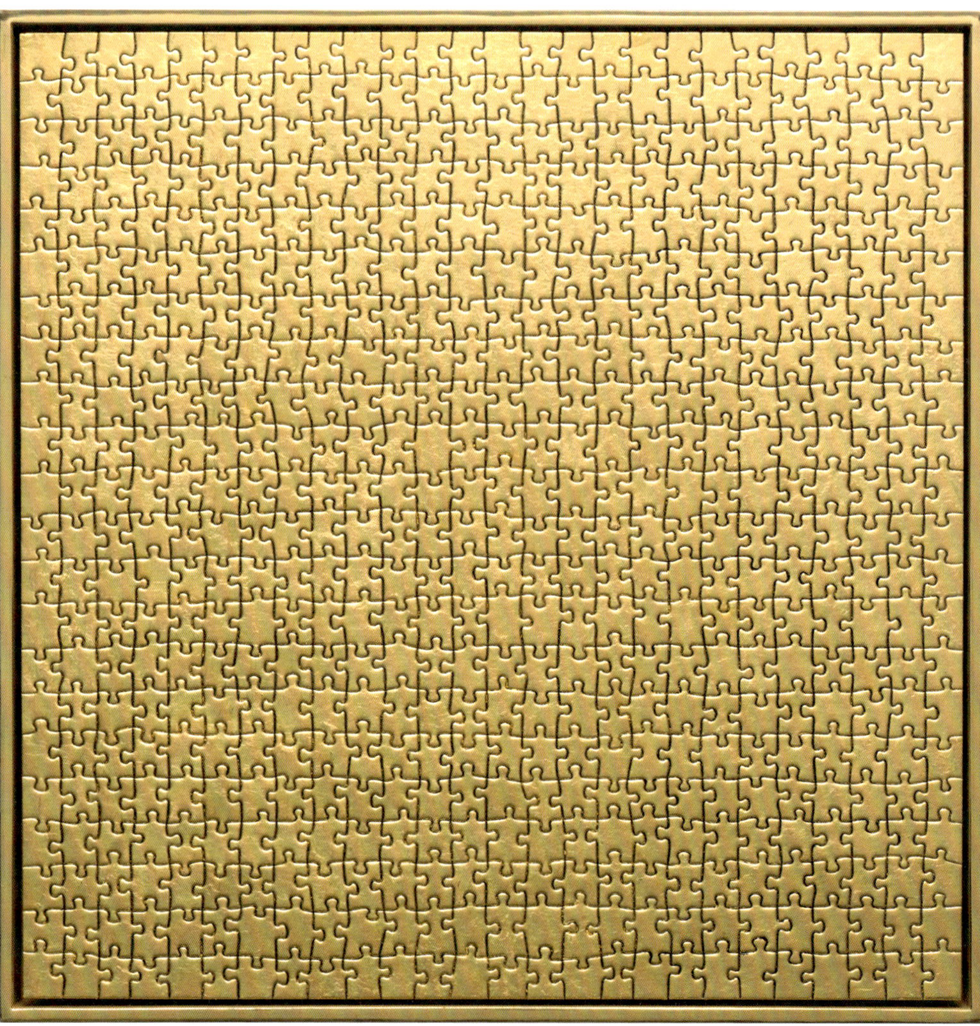

Michael Müller
Collector's Choice, 2016
24 Karat Blattgold auf Karton
Feuille d'or 24 carats sur carton
51 × 51 cm

MICHAEL MÜLLER

Michael Müller sagt selbst von sich, er könne nie aufhören. Sein vielfältiges, umfassendes und konzeptionelles Œuvre ist durch keinerlei einseitige Interpretation lesbar. Kontinuierlich erweitert er Methode und Medium seines künstlerischen Ausdrucks und kombiniert Arbeiten auf Papier mit Malerei, textbasierten Arbeiten, Skulptur, Fundstücken oder mit Musik und Performance. Mit seinen Projekten ergründet Müller Übersetzungsarten unterschiedlicher Realitätsebenen als Ergebnis von Erlebnissen aus einem transitorischen Augenblick oder eines ins Irrationale abweichenden Gedankens.

Oft beschäftigt er sich mit dem Verhältnis von existierenden Formen, Methoden und Normen. In seinen eigenen Formen werden diese Zusammenhänge sichtbar oder der Künstler versucht, auf die Frage nach dem Warum eine Antwort zu finden. Über eine komplexe künstlerische Ausdrucksweise hinterfragt er nicht nur die klassischen Ausstellungsformate und die künstlerische Produktion allgemein, sondern auch die Bedeutung von Autorschaft. Welche Erklärungen über die Wahl der Dinge dieser Welt lassen sich in *Collector's Choice* (2016) finden? Der Bildträger ist eine vergoldete monochrome Fläche, die von einer unüberschaubaren Vielzahl von Puzzleteilen zusammengehalten wird. Gleichzeitig wird der damit offensichtliche Entstehungsprozess auf eine spekulative Weise festgehalten. Das rätselhafte Bild entzieht sich einer klaren Interpretation, und dennoch positioniert der Titel die Arbeit in einen vorstellbaren, aber vom Künstler selbst ausgedachten Kontext – zwischen obsessiver Formfindung und kontemplativer Kommunikation sowie der Suche nach dem Ganzen.

Michael Müller dit lui-même qu'il ne peut jamais s'arrêter. Son œuvre diversifiée, complète et conceptuelle n'est lisible par aucune interprétation unilatérale. Il élargit continuellement la méthode et le support de son expression artistique, et combine les œuvres sur papier avec la peinture, les œuvres textuelles, la sculpture, les objets trouvés ou avec la musique et la performance. Avec ses projets, Michael Müller explore des types de traduction de différents niveaux de réalité à la suite d'expériences d'un moment transitoire ou d'une pensée déviant dans l'irrationnel.

Il s'intéresse souvent aux rapports entre les formes, les méthodes et les normes existantes. Dans ses propres formes, ces rapports deviennent visibles ou il essaie de trouver une réponse à la question du pourquoi. Utilisant un mode d'expression artistique complexe, il interroge non seulement les formats d'exposition classiques et la production artistique en général, mais aussi la signification de la qualité d'auteur. Quelles explications sur le choix des choses dans ce monde peut-on trouver dans *Collector's Choice* (2016) ? Le support de l'image est une surface monochrome dorée maintenue par une multitude de pièces de puzzle. Parallèlement, le processus de création qui en résulte est fixé de manière spéculative. L'image énigmatique échappe à une interprétation claire, et pourtant le titre place l'œuvre dans un contexte imaginable, mais imaginé par l'artiste – entre la recherche obsessionnelle de la forme et la communication contemplative ainsi que la recherche de l'ensemble.

Via Lewandowsky arbeitet oft auf eine spielerische Weise mit vertrauten Vorstellungen. Geprägt von einer realistischen Bildersprache gelingt es ihm, mit wechselnden künstlerischen Medien „Verwirrungen" zu stiften, die das Bewusstsein und die Sehgewohnheiten der Betrachter:innen erweitern. Oft lässt sich in den inszenierten Situationen mit vorgefundenen Alltags- und Baumaterialien ein ironisches Moment erkennen. Dabei spielt bei den Ausgangsgegenständen, mit denen er kritisch auf gegenwärtige Bedingungen und Kriterien in der Gesellschaft blickt, das Prozesshafte und Unerwartete eine Rolle. Der Künstler entzieht den vorhandenen Objekten die ursprüngliche Funktion, widmet sie um und stellt so in der Wahrnehmung der Dinge neue Zusammenhänge oder auch nur Spekulationen her. Dieses weitergeführte Narrativ zwischen Kommentar und Diskurs geometrischer Abstraktionen findet sich auch in der seriellen Arbeit *Goldene Schnitte (bis zur letzten Faser)* (2020) wieder. Diese produziert und evoziert gleichzeitig wechselnde Assoziationen. Die Raufaser ist ein normiertes Produkt für die Innenraumgestaltung und besteht aus Papier und Holzfaserschichten. Erst als Dekorationsmaterial hat sie sich dann seit den 1920er Jahren als Wandbekleidung etabliert. Heute gilt sie als Inbegriff des Kleinbürgertums und wird immer wieder auf unterschiedliche Weise künstlerisch rezipiert.

Bei Lewandowsky werden die Holzfasern von der Oberfläche entfernt und liegen auf dem Boden des Objektbilderrahmens oder sind gar nicht mehr vorhanden. Nicht nur die jahrelang vorhandenen gesellschaftlichen Konventionen und Normen scheinen aufgehoben und die Repräsentationsformen verschoben, sondern damit auch die ästhetischen Regeln und das Zahlenverhältnis zur Berechnung von Schönheit, dem goldenen Schnitt. Sowohl das Zahlenverhältnis als auch der Rohstoff werden über den künstlerischen Eingriff neu kontextualisiert: echt oder doch alles nur Täuschung – und was bleibt von der mehrheitlich angestrebten Konformität übrig? Der Goldgrund verleiht den Bildern einen anderen materiellen Wert. Der neutrale Flächengrund wird sowohl in der vorwiegend christlichen Wand- und Tafelmalerei als auch in der Ikonenmalerei bis heute verwendet. Lewandowsky verleiht dem Normativen eine außergewöhnliche Dimension, ohne jedoch auf die Doppeldeutigkeit zu verzichten.

Via Lewandowsky travaille, souvent de manière ludique, avec des idées familières. Caractérisé par un langage visuel réaliste, il réussit à créer une « confusion » avec l'évolution des supports artistiques, qui élargissent la conscience et les habitudes visuelles du spectateur. Souvent, les situations mises en scène avec des matériaux quotidiens et de construction trouvés sur place laissent transparaître un moment d'ironie. Le processus et l'inattendu jouent un rôle dans les objets initiaux, avec lesquels il porte un regard critique sur les conditions et critères actuels de la société. L'artiste détourne les objets existants de leur fonction initiale, les réaffecte à nouveau et crée ainsi de nouvelles connexions ou simplement des spéculations dans la perception des choses. Ce récit continu entre commentaire et discours d'abstractions géométriques se retrouve également dans l'œuvre sérielle *Goldene Schnitte (bis zur letzten Faser)*, en 2020. Elle produit et évoque en même temps des associations changeantes. Le papier ingrain est un produit standardisé pour la décoration intérieure, composé de couches de papier et de fibres de bois. Dans les années 1920, il s'est d'abord imposé comme matériau décoratif pour les revêtements muraux. Aujourd'hui, il est considéré comme l'incarnation de la petite bourgeoisie et est toujours reçu artistiquement de différentes manières.

Chez Via Lewandowsky, les fibres de bois sont retirées de la surface et reposent sur le fond du cadre photo de l'objet ou sont entièrement supprimées. Non seulement les conventions et normes sociales qui existaient depuis des années semblent avoir été abolies et les formes de représentation déplacées - avec elles les règles esthétiques et le rapport numérique pour calculer la beauté, la partie en or. Le rapport numérique et la matière première sont recontextualisés par l'intervention artistique : réelle ou simple tromperie – et que reste-t-il de la conformité à laquelle aspire la majorité ? Le fond doré confère aux images une valeur matérielle différente. En plus d'être utilisé dans la peinture murale et sur panneau à prédominance chrétienne ainsi que dans la peinture d'icônes, le fond de surface neutre est encore utilisé aujourd'hui. Via Lewandowsky confère au normatif une dimension extraordinaire sans pour autant renoncer à l'ambiguïté.

VIA LEWANDOWSKY

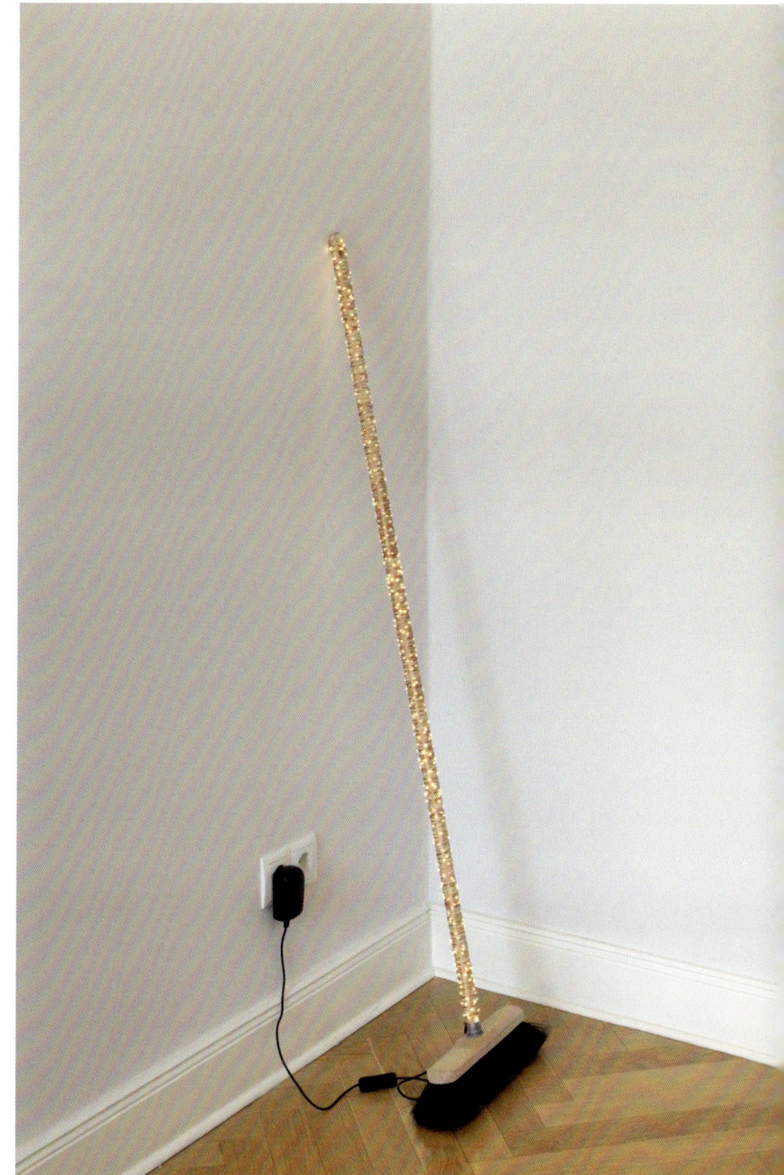

Via Lewandowsky
Reinheit (Purity), 2021
Besen mit Lichterkette
Balai avec guirlande lumineuse
145 × 35 × 10 cm

Ausgangspunkt seiner bildhauerischen und fotokünstlerischen Arbeiten sind Fundstücke des Alltags, aus denen Henrik Strömberg neue Objekte erschafft, nachdem sie ihm für seine konzeptionellen und medienübergreifenden Projekte als eine Art Studie oder Vorlage gedient haben. Dabei interessieren ihn besonders die möglichen materiellen Transformationsprozesse, die gleichzeitig die künstlerischen Medien erweitern, mit denen der Künstler arbeitet. Auf diese Weise erfahren sie eine andere Rezeption – Vertrautes verschiebt sich in der Wahrnehmung der Dinge. In ihrer formalen Neufindung erinnern sie an Reste antik anmutender Wertgegenstände oder, wie bei *vertical violence* (2017), an Gesteinsformationen, die sich im goldgelben Licht spiegeln und deren Herkunft in ihrer Anordnung spekulativ bleibt. Lediglich der Titel der ins Negativ übertragenen Fotoarbeit ist Bezug zur Idee des Denkmals und verweist gleichzeitig auf Wurfsteine. Fast erscheinen sie hier in ihrer leuchtenden Erscheinung als eine Geste zwischen rebellischer Emanzipation und Triumph.

Mehrdeutigkeit bestimmt Strömbergs Werk. Über einen inszenierten Zustand der Unordnung entwickelt es über den Versuch einer Neuordnung der Dinge oft ein tiefsinniges Narrativ. Eine aus dem archivarisch musealen Kontext allseits bekannte Vitrine bekommt über die bewusst ästhetisch arrangierte Leere eine neue und sensible geopolitische Dimension. Sie ist mit Verdrängung und Verantwortung gegenüber kultureller Herkunft, Besitz und Vermittlung von Artefakten aufgeladen. Die auf dem Boden zurückgelassenen kostbaren Spuren muten als etwas Entferntes an – sie werden zu Gesten kontextualisiert. Das damit suggerierte vergangene und gegenwärtig korrektive Handeln bekommt eine umgeschriebene historische (Be-)Deutung zugeschrieben.

Le point de départ de ses œuvres sculpturales et photographiques est constitué d'objets du quotidien, à partir desquels Henrik Strömberg crée de nouveaux objets après qu'ils lui ont servi de sorte d'étude ou de modèle pour ses projets conceptuels et transmédia. Il s'intéresse particulièrement aux possibles processus de transformation de la matière, qui élargissent en même temps les supports artistiques avec lesquels l'artiste travaille. De cette façon, ils font l'expérience d'une réception différente - les changements familiers dans la perception des choses. Dans leur réinvention formelle, ils rappellent des restes d'objets de valeur aux allures antiques ou, comme dans *vertical violence* (2017), des formations rocheuses qui se reflètent dans la lumière dorée et dont l'origine dans leur disposition reste spéculative. Seul le titre de l'œuvre photographique, transposé en négatif, est lié à l'idée du monument et renvoie à des pierres de jet. Ils apparaissent presque ici dans leur allure radieuse comme un geste entre émancipation rebelle et triomphe.

L'œuvre d'Henrik Strömberg est caractérisée par l'ambiguïté. À travers un état de désordre mis en scène, il développe souvent un récit profond en tentant de réorganiser les choses.

Une vitrine bien connue dans le contexte muséal des archives prend une dimension géopolitique nouvelle et sensible à travers le vide intentionnellement agencé de manière esthétique. Il est chargé de la répression et de la responsabilité vis-à-vis de l'origine culturelle, la propriété et la médiation des artefacts. Les précieuses traces laissées sur le sol semblent quelque chose de lointain – elles sont contextualisées en gestes. L'action corrective passée et présente ainsi suggérée se voit attribuer une signification (interprétation) historique réécrite.

Henrik Strömberg
vertical violence, 2017
Pigmentdruck
Tirage pigmentaire
30 × 85 cm

HENRIK STRÖMBERG

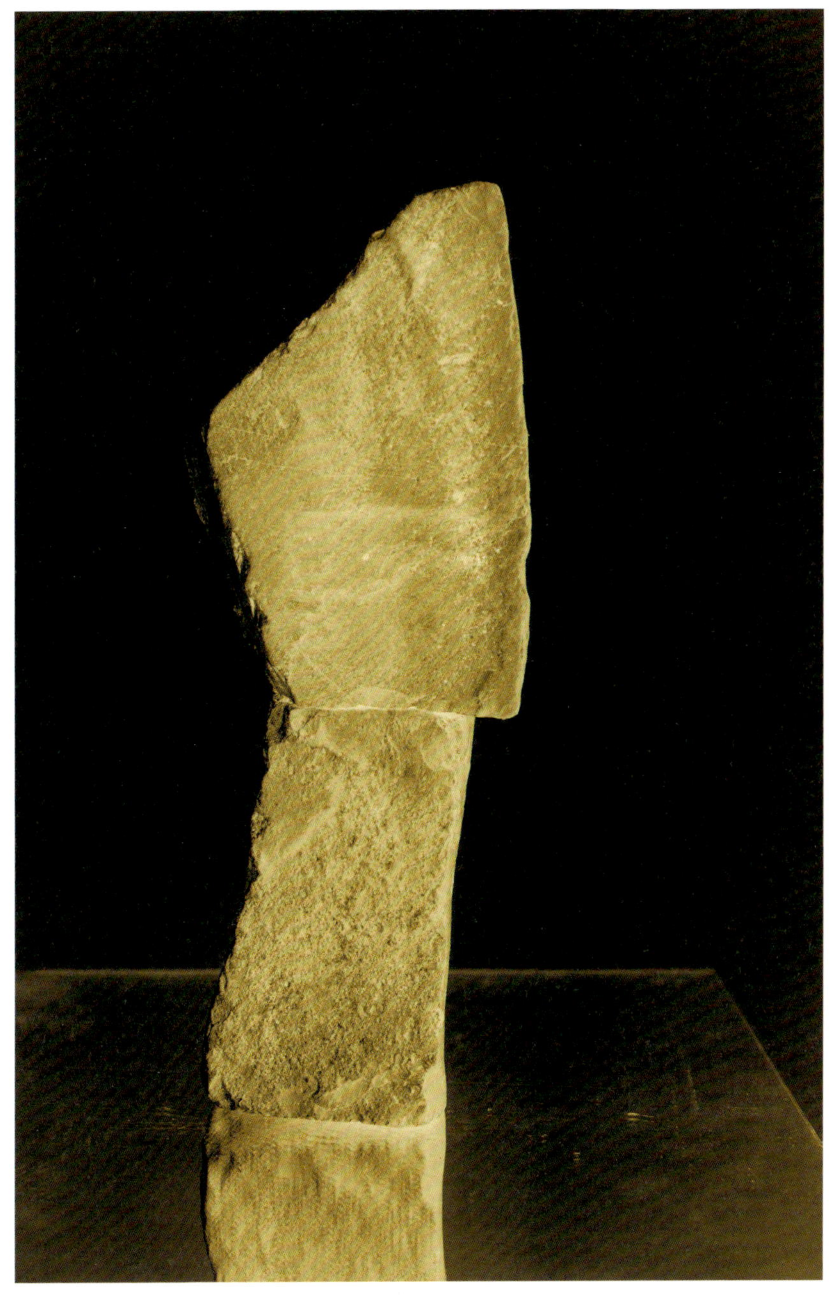

Clemens Wolf

Opened Space, 2010

Blattgold auf Bauzaun, Beton und Bolzenzange, 24 Karat Gold

Feuille d'or 24 carats sur clôture de chantier, coupe-béton et boulon

200 × 350 × 150 cm

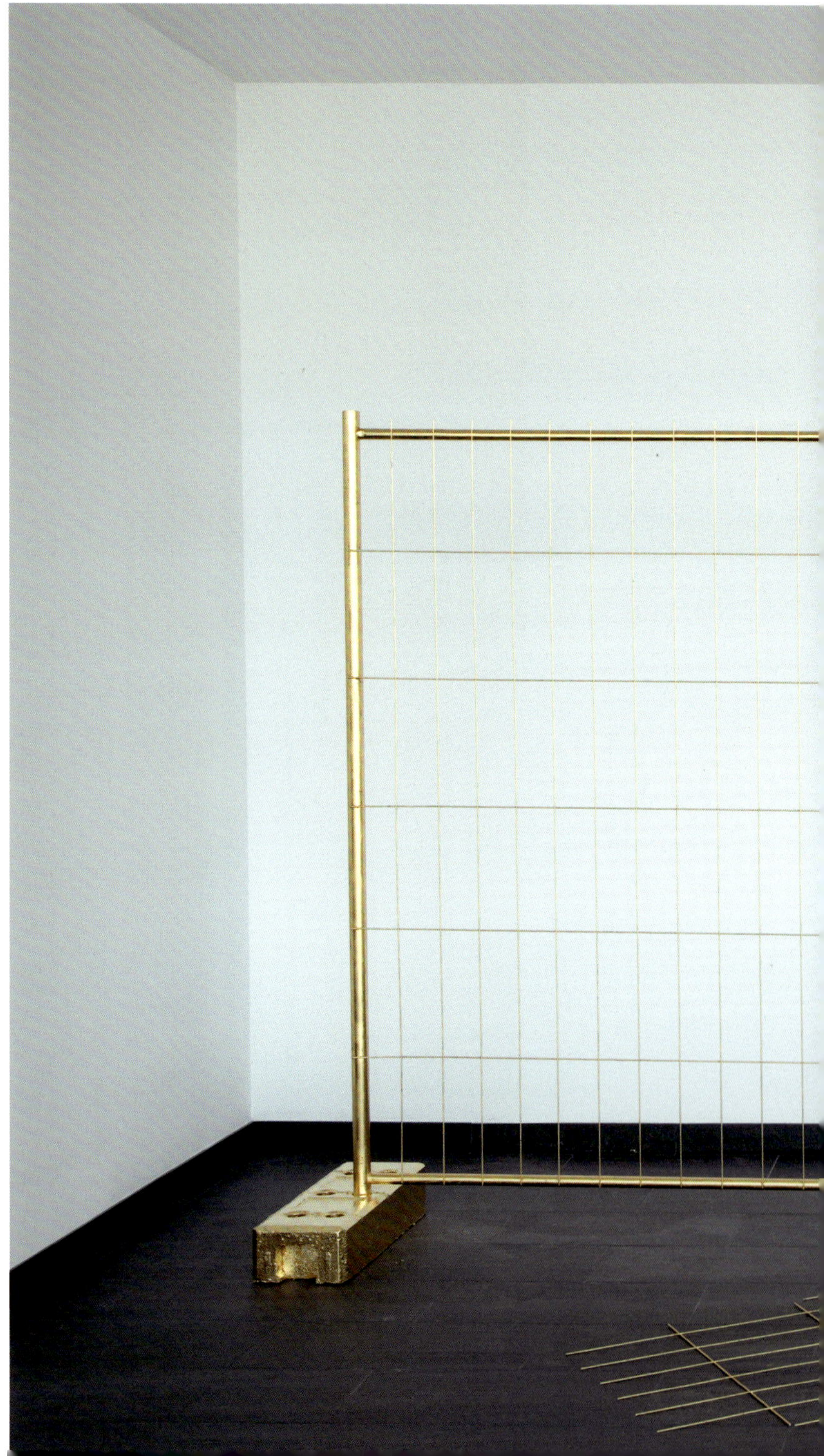

CLEMENS WOLF

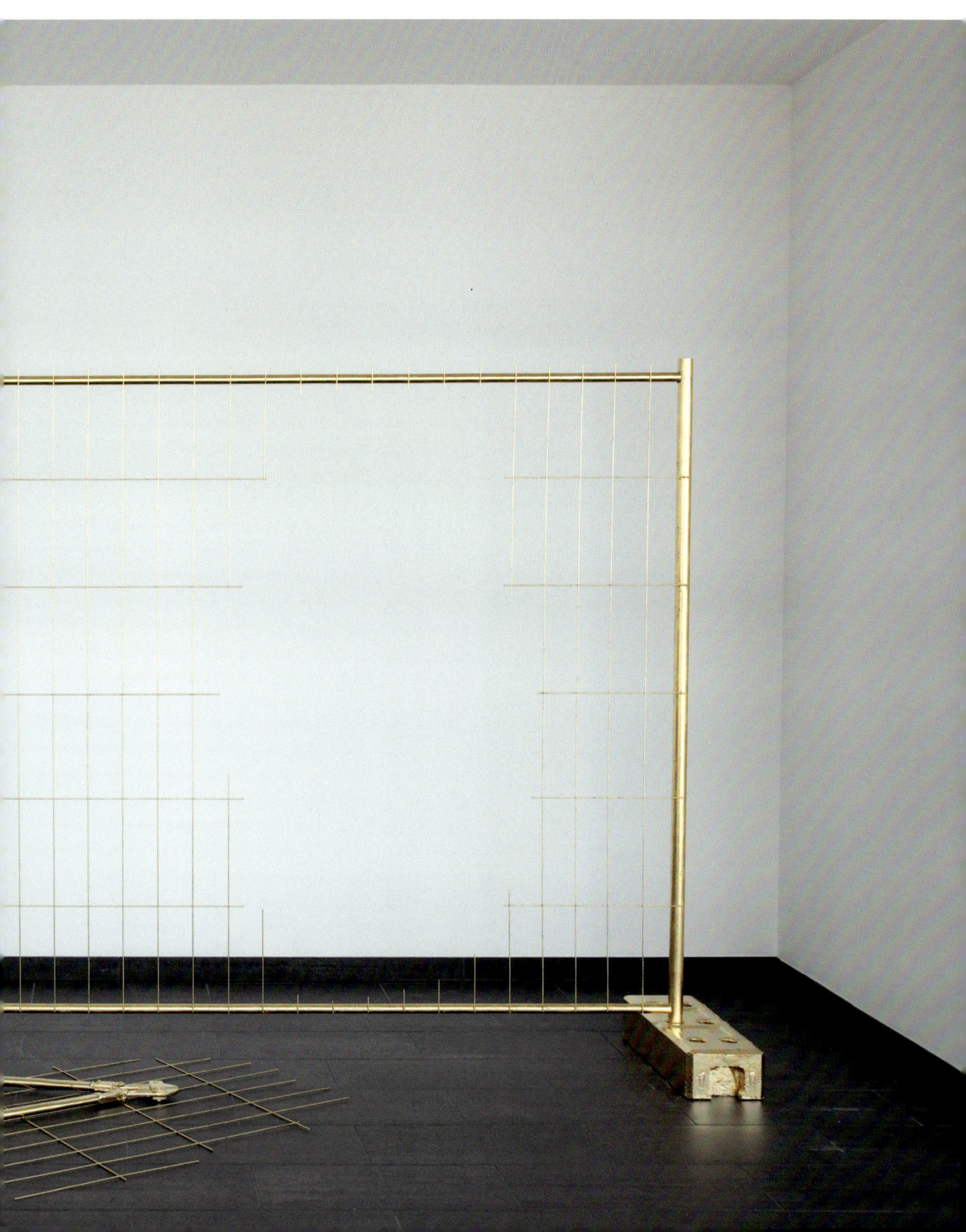

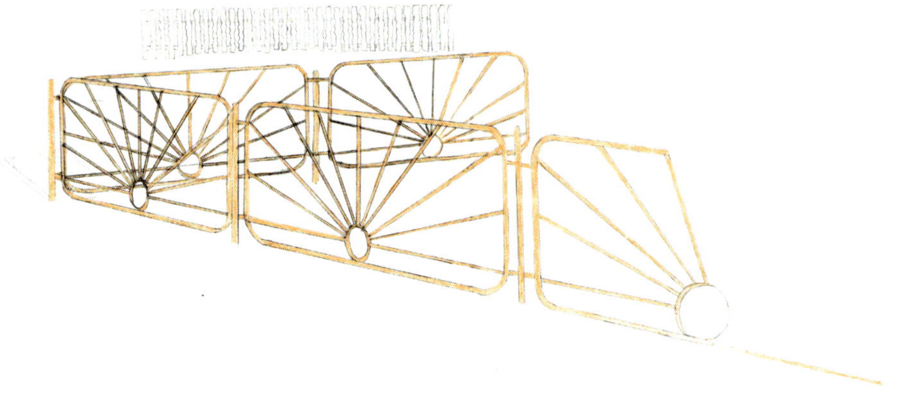

Andrea Pichl
Untitled, 2017
Grafit und Buntstifte auf Steinpapier
Mine de plomb et crayons de couleur sur papier de pierre
100 × 80 cm

He Xiangyu gehört zu einer Generation von chinesischen Konzeptkünstler:innen, die mit verschiedenen Medien arbeiten, um kulturelle und soziale Themen zum Ausdruck zu bringen. Seine Kunst konzentriert sich auf die Erforschung und Auseinandersetzung mit den Funktionsweisen und strukturellen Zusammenhängen aktueller Gesellschaftssysteme. Dabei geht es meistens um die Wechselwirkung von politischen und wirtschaftlichen Interessen und Strategien und ihre Auswirkungen auf die jeweiligen Gesellschaften. Bedingt durch Massenproduktion und Konsum verschieben sich soziokulturelle Wertesysteme in den gegenwärtigen (chinesischen) Gesellschaften. Diese Prozesse und ihre Machtverhältnisse erkundet He Xiangyu, indem er universell vertrauten Gegenständen und Symbolen in ihrer Zusammenstellung und über bestimmte materielle Veränderungen eine andere Bedeutung zuschreibt. Es findet ein Perspektivwechsel statt. Mit Analogien zu sozialen Ereignissen werden Fragen nach den marktorientierten Bedingungen und ihren ökonomisch internationalen Zusammenhängen gestellt, die sich auch auf die globalen Entwicklungen und Begehrlichkeiten im Kunstmarkt übertragen lassen. Die damit verbundene Willkürlichkeit von Werten hat He Xiangyu in seiner international bekannt gewordenen Arbeit *200g Gold, 62g Protein* (2012), einem Eierkarton aus massivem Gold mit einem normalen Hühnerei darin, oder mit *Eggholder* (2019) und seinen Varianten thematisiert. Den Gegenständen wird ein neuer Wert zugeschrieben, um sie dadurch mit einer anderen Bedeutung aufzuladen.

Der Veredelungsprozess in *Untitled* (2021) ist beim Überschreiben beziehungsweise Beschichten eines allgemein bekannten Industrieprodukts angehalten. Damit bleibt die materielle Hinwendung im bestehenden Wertesystem unentschieden.

Il appartient à une génération d'artistes conceptuels chinois qui travaillent sur différents médias et supports pour exprimer des enjeux culturels et sociaux. Son art se concentre sur la recherche et le traitement du fonctionnement ainsi que des relations structurelles des systèmes sociaux actuels. Il s'agit avant tout de l'interaction des intérêts et des stratégies politiques et économiques et de leurs effets sur les sociétés respectives. Avec la production et de la consommation de masse, les systèmes de valeurs socioculturelles évoluent dans les sociétés (chinoises) contemporaines. He Xiangyu explore ces processus et leurs relations de pouvoir en attribuant un sens différent à des objets et symboles universellement familiers dans leur composition et par le biais de certains changements matériels. Cela opère une sorte de changement de perspective. Avec des analogies avec des événements sociaux, différentes questions sont posées sur les conditions orientées vers le marché et leur contexte économique international, qui peuvent également être transférées aux développements et aux désirs mondiaux du marché de l'art. Dans son œuvre de renommée internationale *200g d'or, 62g de protéine*, 2012, une boîte à œufs en or massif et un œuf de poule normal, ou avec *Coquetier*, 2019 et ses variantes, He Xiangyu a abordé l'arbitraire des valeurs qui y est associé. Une nouvelle valeur est attribuée aux objets et ainsi chargée d'un sens différent.

Le processus de finition dans *Sans titre*, 2021 s'arrête à l'écrasement ou au revêtement d'un produit industriel bien connu. Ainsi, l'orientation matérielle dans le système de valeurs existant reste indécise.

He Xiangyu
Untitled, 2021
Bronze, reines Gold
Bronze, or pur
30 × 20 × 5 cm

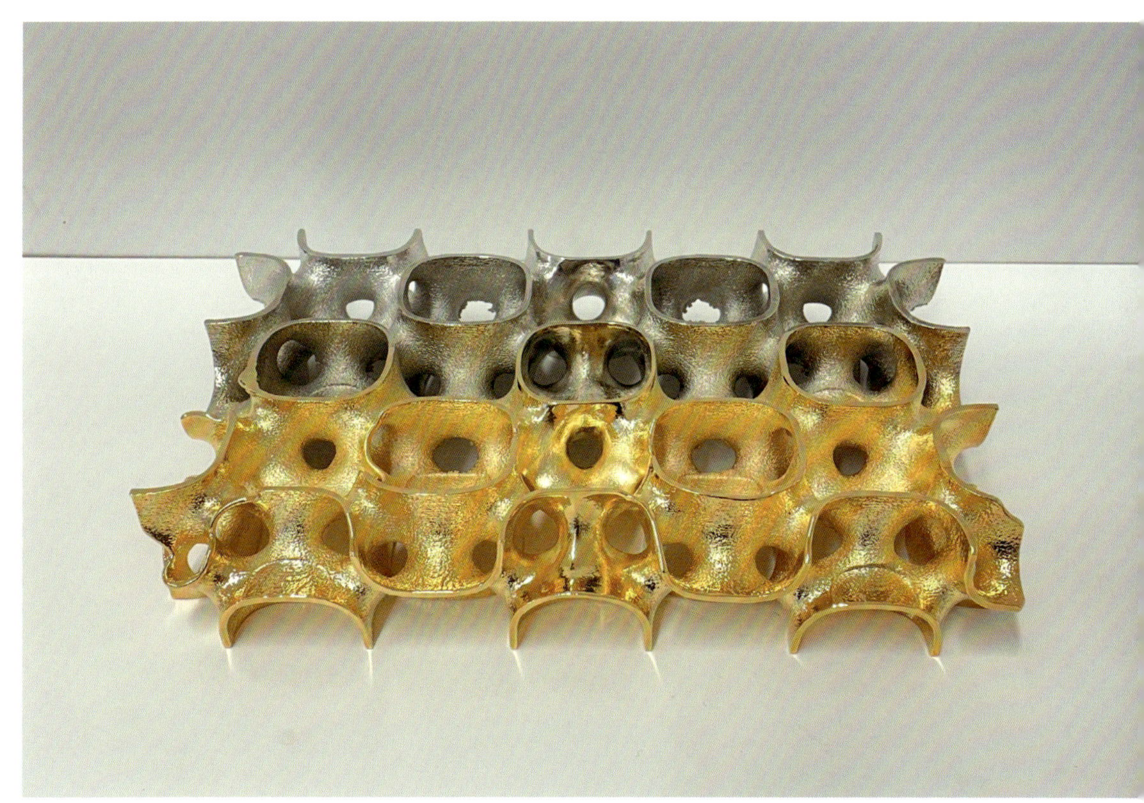

Mit ihren fluiden und flüchtigen, zum Teil großformatigen Arbeiten hat die Bildhauerin Luka Fineisen die herkömmliche Skulptur erweitert. Es sind Übergangsmomente, Materialwechsel oder die Verschiebungen von Substanzen, die von einem Zustand in einen anderen wechseln und auf diese Weise Formen gestalten. Sie bleiben, verschwinden oder erstarren in diesem Prozess zumeist deformiert. Angelehnt an die Moderne und den Postminimalismus erforscht Fineisen Bewegung, Vergänglichkeit und das Potenzial von Dingen und ihren Anziehungskräften. Dabei spielt das Schöne und Sinnliche eine nicht unwesentliche Rolle, mit der ihre Skulpturen und Objekte auf den ersten Blick zu verführen scheinen, um später gleichzeitig die Kontrolle über die eigene schöpferische Vollendung wieder zu verlieren, so auch bei den vergoldeten Miniaturen mit dem assoziativen Titel *Immobilen* (2008). Über die Wahl des Materials erscheint hier der „Befund" beabsichtigt und angehalten, wo sonst der Zufall mitgestaltet hat. Die Gebäude schmelzen und sacken in sich zusammen. Sie werden zum Kommentar über das Befinden von gegenwärtigen gesellschaftsrelevanten Veränderungen, die vor allem urbane Räume nicht nur verändern, sondern auch zunehmend von unermesslichem Investitions-kapital bestimmt und verformt werden. Damit öffnet Fineisen einen kritischen Projektions- und Reflexionsraum und versucht gleichzeitig, auch auf ein alternatives Potenzial nach dem Zustand vollständiger Verschmelzung und damit andere Wertesysteme von „goldenen" Möglichkeiten zu verweisen.

Avec ses œuvres fluides et éphémères, en partie de grand format, la sculptrice a élargi la sculpture traditionnelle. Ce sont des moments de transition, des changements de matière ou des passages de substances qui passent d'un état à un autre et façonnent ainsi des formes. Ils restent, disparaissent ou se figent dans ce processus le plus souvent en une déformation. S'inspirant du modernisme et du post-minimalisme, Luka Fineisen explore le mouvement, l'éphémère et le potentiel des choses et leurs pouvoirs d'attraction. La beauté et la sensualité jouent un rôle non négligeable dans ses sculptures et objets, qui semblent séduire au premier regard, pour ensuite perdre à nouveau le contrôle de leur propre achèvement créatif, comme dans les miniatures dorées au titre évocateur *Immobilen* (2008). Par le choix du matériau, les « découvertes » apparaissent voulues et arrêtées, là où autrement le hasard avait la main. Les bâtiments fondent et s'effondrent. Ils deviennent un commentaire sur l'état des changements actuels de la société, qui non seulement modifient les espaces urbains, mais sont également de plus en plus déterminés et déformés par un capital d'investissement incommensurable. Luka Fineisen ouvre ainsi un espace critique de projection et de réflexion, et tente en même temps de se référer à un potentiel alternatif après l'état de fusion complète et donc à d'autres systèmes de valeurs de possibilités « dorées ».

Luka Fineisen
Immobilien, 2008
Kunststoff, Goldlack
Plastique, laque dorée
8–10 cm

LUKA FINEISEN

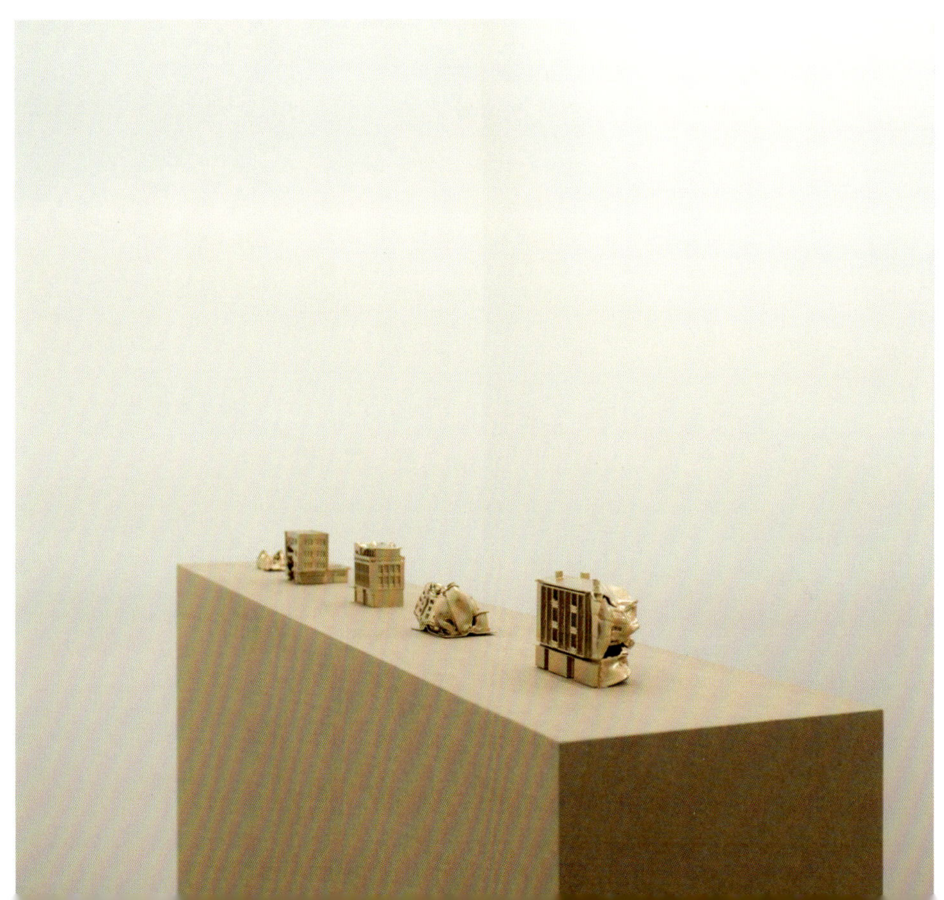

Als Bildhauerin arbeitet die Künstlerin Frauke Wilken vorwiegend mit textilen Materialien. Über eine Mischtechnik werden sie zu organischen Skulpturen collagiert und vernäht. Zwischen Abstraktion und Figuration erinnern sie an rätselhaft anmutende und anthropomorph wirkende Mischwesen. Abstrahierte oder fragmentierte Körperteile entwickeln über ihre Stofflichkeit ein Eigenleben und hinterlassen ein körperliches Unbehagen und unruhiges Gefühl. Sie erinnern mitunter an undefinierte, bereits zu Forschungszwecken manipulierte Organismen mit getarnten Oberflächen oder entwickeln Mehrdeutigkeiten (*gehörnter*, 2022). Andere hybride Formen lässt die Künstlerin kraftvoll in und mit der Umgebung kommunizieren. Sie fügen sich ein oder verändern den Außenraum in spekulative Momente.

Metamorphosen auch im übertragenen Sinn stehen im Fokus der künstlerischen Betrachtung von Frauke Wilken, mit der sie in den vergangenen Jahrzehnten ein mystisches Formenvokabular entwickelt hat: Es sind oft unbestimmte oder noch unfertige Wesensformen in einem Zwischenzustand, zwischen Werden und Auflösen. Derweil ist dieser fragmentierten Gestaltung auch ein ironisches Moment inne oder bekommt über die vergoldete Oberfläche eine spirituelle Dimension (*begehren*, 2005/2015). Symbolisch aufgeladen verweisen die auf den ersten Blick gegensätzlichen Arbeiten von Frauke Wilken dennoch auf wesentliche Motivation menschlicher Antriebe, Hinwendungen und Begehrlichkeiten – zwischen Forschung und Glauben, Entdeckung und Erkenntnis. Über die weichen und fragilen Oberflächen ihrer Objekte werden Fragen nach dem Zustand der Dinge im Allgemeinen und nach den Auswirkungen von Wissenschaft auf das Leben gestellt, sowie nach ihren sinnorientierten Beweggründen. Illusion und Realität verschmelzen sichtbar miteinander.

En tant que sculptrice, l'artiste travaille principalement les matières textiles. Grâce à une technique mixte, elles sont collées et cousues en sculptures organiques. Entre abstraction et figuration, elles évoquent des créatures hybrides aux allures mystérieuses et anthropomorphiques. Des parties du corps abstraites ou fragmentées développent une vie propre à travers leur matérialité et laissent parfois un inconfort physique et une sensation d'agitation – elles rappellent parfois des organismes indéfinis aux surfaces camouflées qui ont déjà été manipulées à des fins de recherche. L'artiste permet à d'autres formes hybrides de communiquer puissamment dans et avec l'environnement. Ces éléments se fondent ou transforment l'espace extérieur en moments spéculatifs. Les métamorphoses, également au sens figuré, sont au centre de la démarche artistique de Frauke Wilken, avec laquelle elle a développé au cours des dernières décennies un vocabulaire mystique des formes : ce sont souvent des formes indéfinies ou inachevées de l'être dans un état intermédiaire, entre devenir et se dissoudre.

Dans le même temps, les dessins fragmentés semblent également avoir un moment ironique ou reçoivent une dimension spirituelle à travers la surface dorée (*begehren*, 2005/2015). Symboliquement chargées, les œuvres de Frauke Wilken, qui à première vue semblent contradictoires, renvoient pourtant à la motivation essentielle des pulsions, inclinations et désirs humains – entre recherche et croyance, découverte et connaissance. À travers les surfaces douces et fragiles de ses objets, des questions sont posées sur l'état des choses en général et l'impact de la science sur la vie, ainsi que sur les motivations. Illusion et réalité fusionnent visiblement.

Frauke Wilken
Begehren, 2005/2015
Mischtechnik
Technique mixte
50 × 13 × 14 cm

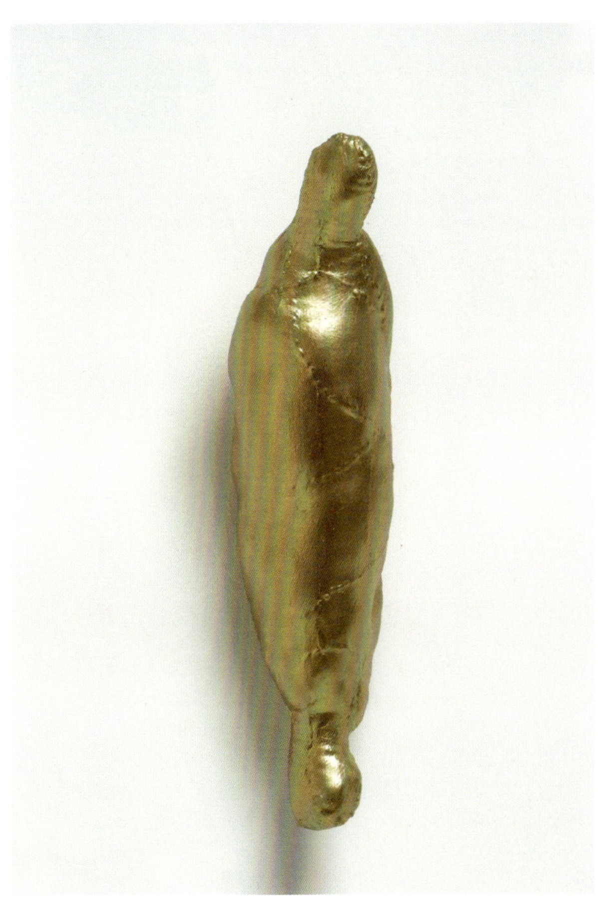

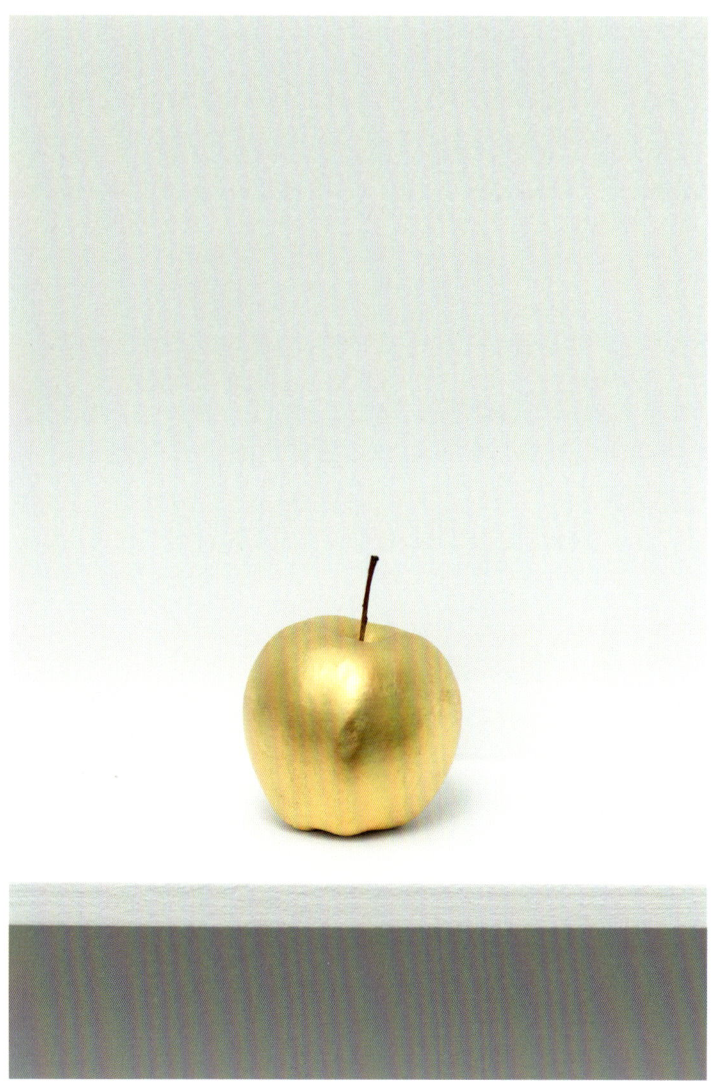

Stéphanie Saadé
Golden Apple, 2014–2018
Apfel, Blattgold 24 Karat
Une pomme et une feuille d'or 24 carats

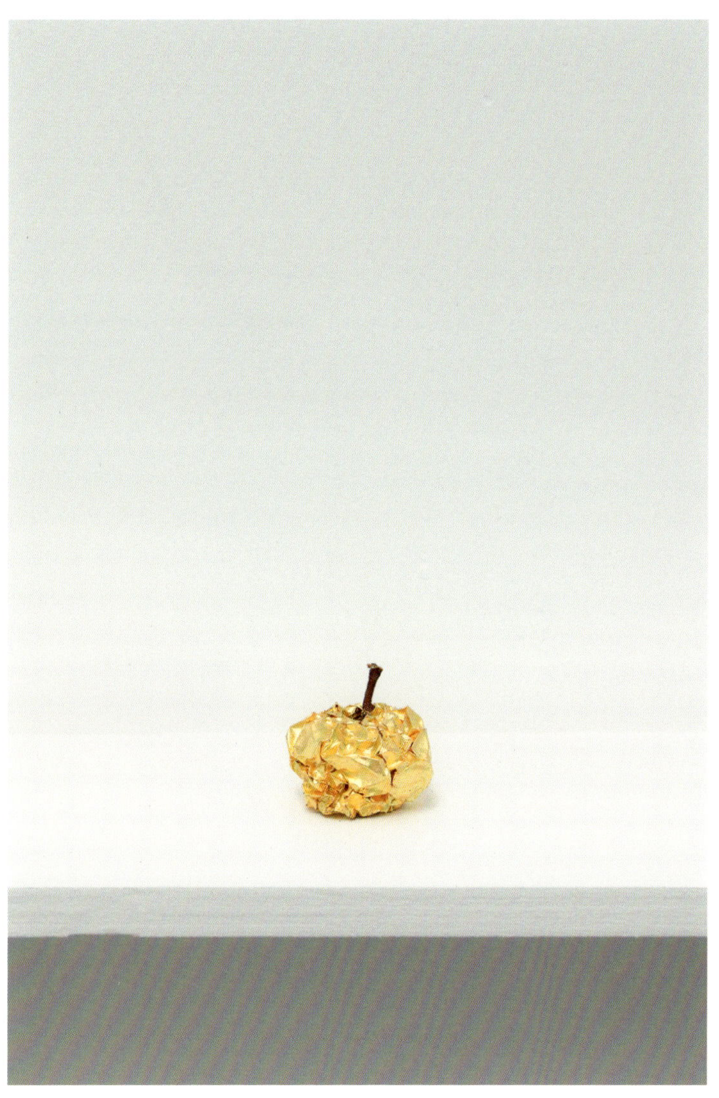

In ihren Arbeiten lotet die Künstlerin Ruth Campau die Grenzen zwischen Malerei, Skulptur, Installation und Collage neu aus. Eine Vielfalt von Materialitäten und Stofflichkeiten werden miteinander kombiniert und zu einem technoid wirkenden Mash-up neu komponiert. Sie beklebt unterschiedliche Bildträger wie Acrylglasplatten mit einer verspiegelten Mylar-Folie, die wiederum mit großgestrichenem Pinselstrich und Acrylfarbe bestrichen wird. Die finale Bemalung lässt die (Bild-)Objekte mit ihren raumübergreifend reflektierenden Oberflächen glänzen. Mitunter werden Spuren des Entstehungsprozesses als Artefakt (*The Beginning*, 2010) zurückgelassen. Mit ihrem performativ malerischen Konzept überschreitet die Künstlerin die Bereiche des traditionellen Bildträgers, aus denen sie aussteigt beziehungsweise diese auflöst. Die Raumabstraktionen markieren und vermessen gleichzeitig den Ort neu. Es entstehen expandierte Kartografien, die in gewisser Weise den Raum aus dem vorhandenen Grundriss befreien und gleichzeitig feierlich zelebrieren. In diesem Zusammenhang wird von einer „Poetik des Raumes" (Gaston Bachelard, *Die Poetik des Raumes*, Frankfurt am Main 1987) gesprochen. Verweise auf die kulturelle Bedeutung von Rauminszenierungen und Wahrnehmung sind in Ruth Campaus expanded paintings erfahrbar (*Imagine Gold*, 2016). Die golden monochrome Wandinstallation ergießt sich förmlich in den Raum und ist Illusion und Spiegel zugleich. Mit architekturhistorischen Referenzen erzeugt sie ein intensives Wechselspiel aus Farbe und natürlichem Licht – Raum und Werk verschmelzen zum Raumkunstwerk.

Dans ses travaux, l'artiste explore à nouveau les frontières entre peinture, sculpture, installation et collage. Elle combine une grande variété de matériaux et de textures et les recompose en un mashup technoïde (composition musicale créée à partir d'autres compositions). Elle colle une feuille de Mylar (film plastique) miroir sur différents supports d'image tels que des plaques de verre acrylique, recouvertes à leur tour de gros coups de pinceau et de peinture acrylique. La peinture finale permet aux objets (image) de briller avec leurs surfaces réfléchissantes qui traversent l'espace. Parfois, des traces du processus de création d'un artefact (*The Beginning*, 2010) sont laissées. Avec son concept pictural performatif, l'artiste transcende les domaines du support d'image traditionnel dont elle s'extrait ou qu'elle dissout. Les abstractions spatiales marquent et remesurent simultanément le lieu. Des cartographies élargies sont créées qui, d'une certaine manière, libèrent l'espace du plan d'étage existant tout en le célèbrent solennellement. Dans ce contexte, on parle d'une « poétique de l'espace » (Gaston Bachelard, *Die Poetik des Raums*, Francfort / Main, 1987). Des références à la signification culturelle de la mise en scène et de la perception spatiales peuvent être expérimentées dans les expanded paintings de Ruth Campau (*Imagine Gold*, 2016). L'installation murale monochrome dorée se déverse littéralement dans l'espace et constitue à la fois une illusion et un miroir. Avec des références à l'histoire de l'architecture, elle crée une interaction intense entre les couleurs et la lumière naturelle – l'espace et le travail se fondent en une œuvre d'art spatiale.

Ruth Campau
Imagine Gold, 2016
Acryl auf Mylar, Mylar-Spiegel
Acrylique sur mylar, miroir mylar
380 × 455 × 110 cm

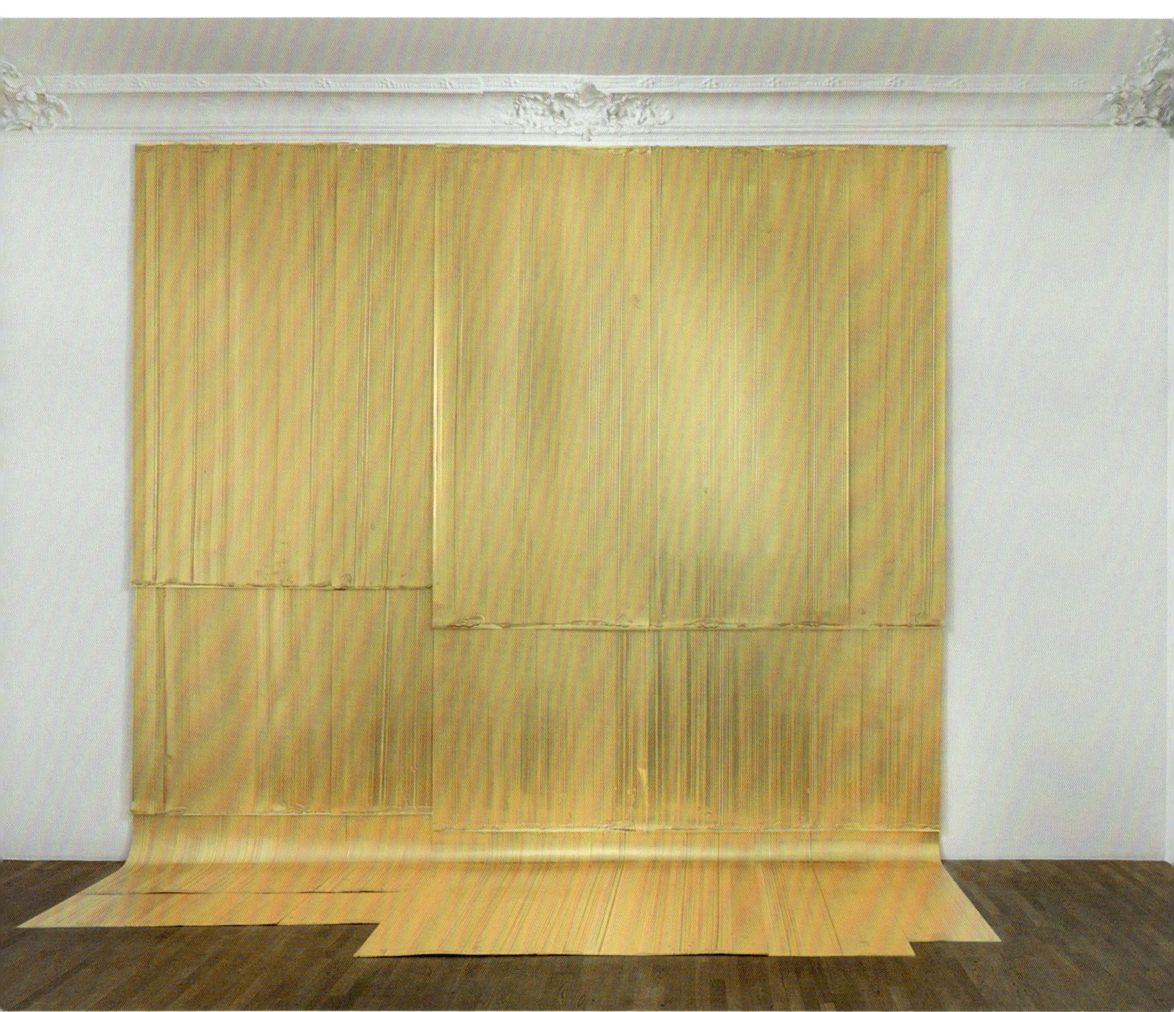

Mit seinen Arrangements im Raum versucht Clemens Wolf, bestimmte und nicht wiederherstellbare Geschehnisse und Momente festzuhalten. Waren es früher großformatige Leinwände, auf denen er den Verfall und Transformationsprozesse im urbanen Raum ergründete, sind später die Materialien, die daran erinnern, sein künstlerisches Werkzeug geworden. Ergänzt werden sie von ausrangierten Reservefallschirmen. Wieder neu gefaltet, geformt und (golden) beschichtet, werden sie als unwiederbringlicher Moment eingefroren präsentiert. Das Vergängliche kommt in beiden Arbeiten, *Opened Space* (2010) und *Parachute Sculpture Gold* (2019) zum Ausdruck. Gleichzeitig erweitert er die Medien der Bildhauerei und Malerei und tauscht die Leinwand mit gebrauchten und seiner ursprünglichen Verwendung entzogenen Stoffen aus, während die Skulptur ihre Form aus vergoldeten Bauutensilien bekommt. Mit dem Spiel zwischen Abstraktion und Figuration werden in der Gegenwart Fragen über die unmittelbare Vergangenheit gestellt. Welche „Helden" sind gemeint? Welcher exklusive Zutritt wird mit der Installation aus den Readymades *Opened Space* gewährt oder verwehrt, die mit ihrem geometrisch reduzierten Formenvokabular an die kühlen Hochglanzobjekte der Minimal Art erinnern: Wer ist drinnen und wer bleibt draußen? Ein Moment der Orientierungslosigkeit ist bewusst beabsichtigt und spürbar. Nicht zuletzt ist die Beschäftigung von Clemens Wolf mit Zäunen eine Referenz auf das Soziale, das Leben vor und hinter dem Zaun. Dennoch erlauben Barrieren auch Durchblick, werden mit der Zeit brüchig und lassen wieder ungeschützte (temporäre) Freiraume wachsen – birgt der Fallschirm neben Forschung und Rettung auch Freiheit an sich.

Avec ses arrangements dans l'espace, il tente de capturer des événements et des moments précis et irrécupérables. Alors qu'il s'agissait auparavant de toiles grand format dans lesquelles il explorait les processus de dégradation et de transformation de l'espace urbain, les matériaux qui nous le rappellent sont devenus son outil artistique. Ils sont complétés par des parachutes de réserve abandonnés. Repliées, façonnées et redorées, les créations sont présentées comme un moment irrécupérable et figé. L'éphémère s'exprime dans les deux œuvres *Opened Space* (2010) et *Parachute Sculpture Gold* (2019). Parallèlement, il élargit les médias de la sculpture et de la peinture, troquant la toile contre des matériaux usés et détournés de leur usage initial, tandis que la sculpture prend forme à partir d'accessoires de construction dorés. Avec le jeu entre abstraction et figuration, des questions sont posées sur le passé immédiat au présent. De quels « héros » s'agit-t-il ? Quel accès exclusif est accordé ou refusé avec l'installation des ready-made *Opened Space* qui, avec leur vocabulaire formel géométriquement réduit, rappellent les objets froids et brillants du Minimal Art : qui est à l'intérieur et qui reste à l'extérieur ? Un moment de dépaysement est délibérément voulu et palpable. Enfin, la préoccupation de Clemens Wolf pour les clôtures est une référence à la vie sociale devant et derrière la clôture. Néanmoins, les barrières permettent également la perspective, se fragilisent avec le temps et laissent des espaces libres (temporaires) non protégés se développer à nouveau – le parachute recèle, outre la recherche et le sauvetage, également la liberté.

Clemens Wolf
Parachute Sculpture Gold, 2019
Epoxy Harz auf Reservefallschirm
Résine époxy sur parachute de réserve
ø 80 × 150 cm × (variabel | variable)

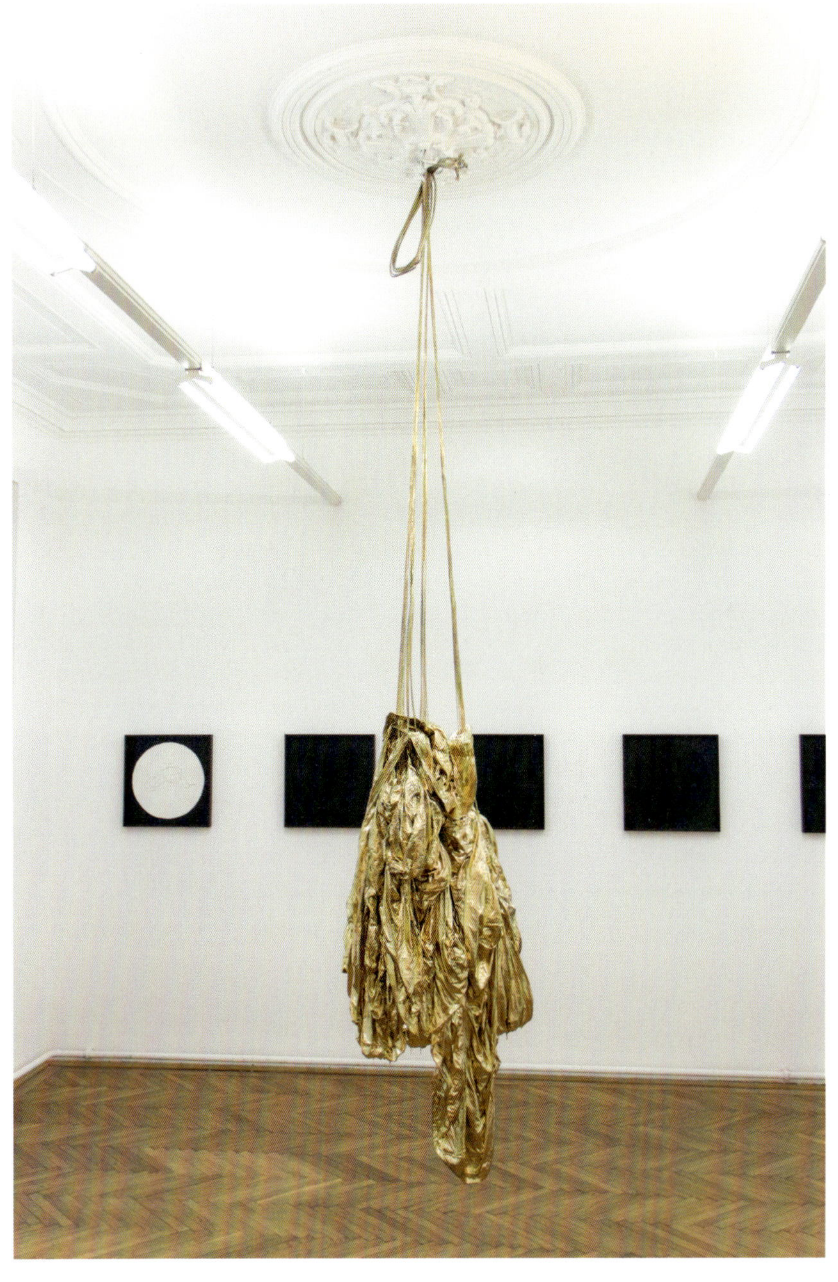

Der Künstler Michael Sailstorfer ist für seine ungewöhnlichen Skulpturen und temporären Installationen in der Landschaft bekannt. Ein besonderes Charakteristikum seiner künstlerischen Arbeit besteht in der Verschränkung von Dingen und Materialien des Alltags. Sailstorfer erweitert den Skulpturenbegriff mit ungewöhnlichen Konstruktionen, indem er vertraute Gegenstände adaptiert, ihnen ihre Funktion entzieht, ihre Formen verändert und ihnen über das Transformationspotenzial der Materialien Neues hinzufügt und es sichtbar werden lässt. Oft irritiert das Ergebnis in der Zusammenstellung und auf den ersten Blick. Auf vielschichtigen Bedeutungsebenen erlauben die bildhauerischen Arbeiten aus Alltagsgegenständen jedoch Assoziationen zu gegenwärtigen gesellschaftsrelevanten Themen und Zuständen, machen sie nachhaltig lesbar und sind damit gleichermaßen ironische und kritische Kommentare. Mit Umdeutungen und Kontextverschiebungen hinterfragt der Künstler unser Verhältnis zu Dingen und Produktion allgemein. Von besonderem Interesse ist das Durchdringen von Innen- und Außenraum, von Natur und Skulptur, dem Natürlichen und Künstlichen.

Kopf und Körper Marzahn 03 ist anlässlich der Internationalen Gartenausstellung 2017 in Berlin entwickelt worden: Auf dem Gelände vollendeten Bienenvölker die Arbeit an drei vorgefertigten Modellen, wodurch ein nicht kontrollierbarer, kreativer Prozess in Gang gesetzt wurde. Anschließend wurden die Rohlinge aus den goldfarbenen Waben in Bronze gegossen. In ihrer sehr ursprünglich und archaisch anmutenden Gestaltung eines menschlichen Gesichts sind sie formal angelehnt an die seriellen Masken des Künstlers, die nach eigenen Aussagen afrikanische und ozeanische Kunst, aber auch modernistische Architekturen sowie technische Teile zitieren. Der ursprünglich angefertigte Bienenkasten aus Beton, in dessen Inneren die Skulptur über einen längeren Zeitraum entstanden ist, dient in der Ausstellung als Sockel.

L'artiste est connu pour ses sculptures insolites et ses installations temporaires dans le paysage. L'imbrication d'objets et de matériaux du quotidien fait partie des caractéristiques particulières de son travail artistique. Michael Sailstorfer élargit le concept de sculpture avec des constructions inhabituelles en adaptant des objets familiers, en les détournant de leur fonction, en changeant leurs formes et en leur ajoutant quelque chose de nouveau grâce au potentiel de transformation des matériaux et en les rendant visibles. Le résultat dans sa composition et au premier regard est souvent irritant. À plusieurs niveaux de signification, cependant, les œuvres sculpturales réalisées à partir d'objets du quotidien permettent des associations avec des thèmes et des états actuels pertinents pour la société et les rendent lisibles de manière durable – il s'agit de commentaires à la fois ironiques et critiques. Avec des réinterprétations et des déplacements de contexte, l'artiste interroge notre rapport aux choses et à la production en général. L'interpénétration de l'espace intérieur et extérieur, de la nature et de la sculpture, du naturel et de l'artificiel est particulièrement intéressante.

Kopf und Körper Marzahn 03 a été développé pour l'Exposition internationale des jardins de Berlin 2017, où des colonies d'abeilles ont terminé les travaux sur trois modèles préfabriqués sur le site. Un processus de création incontrôlable s'est enclenché. Les ébauches du nid d'abeilles doré ont ensuite été coulées en bronze. Dans leur conception très originale et archaïque d'un visage humain, ils s'inspirent formellement des masques en série de l'artiste, qui, selon ses propres dires, citent l'art africain et océanien ainsi que l'architecture et les pièces techniques modernistes. La ruche en béton fabriquée à l'origine, à l'intérieur de laquelle la sculpture a été réalisée sur une longue période, sert de socle à l'exposition.

Michael Sailstorfer
Kopf und Körper Marzahn 03, 2017
Bronze
45,5 × 32,5 × 29 cm
Betonsockel
Béton socle
65,5 × 55 × 44 cm

MICHAEL SAILSTORFER

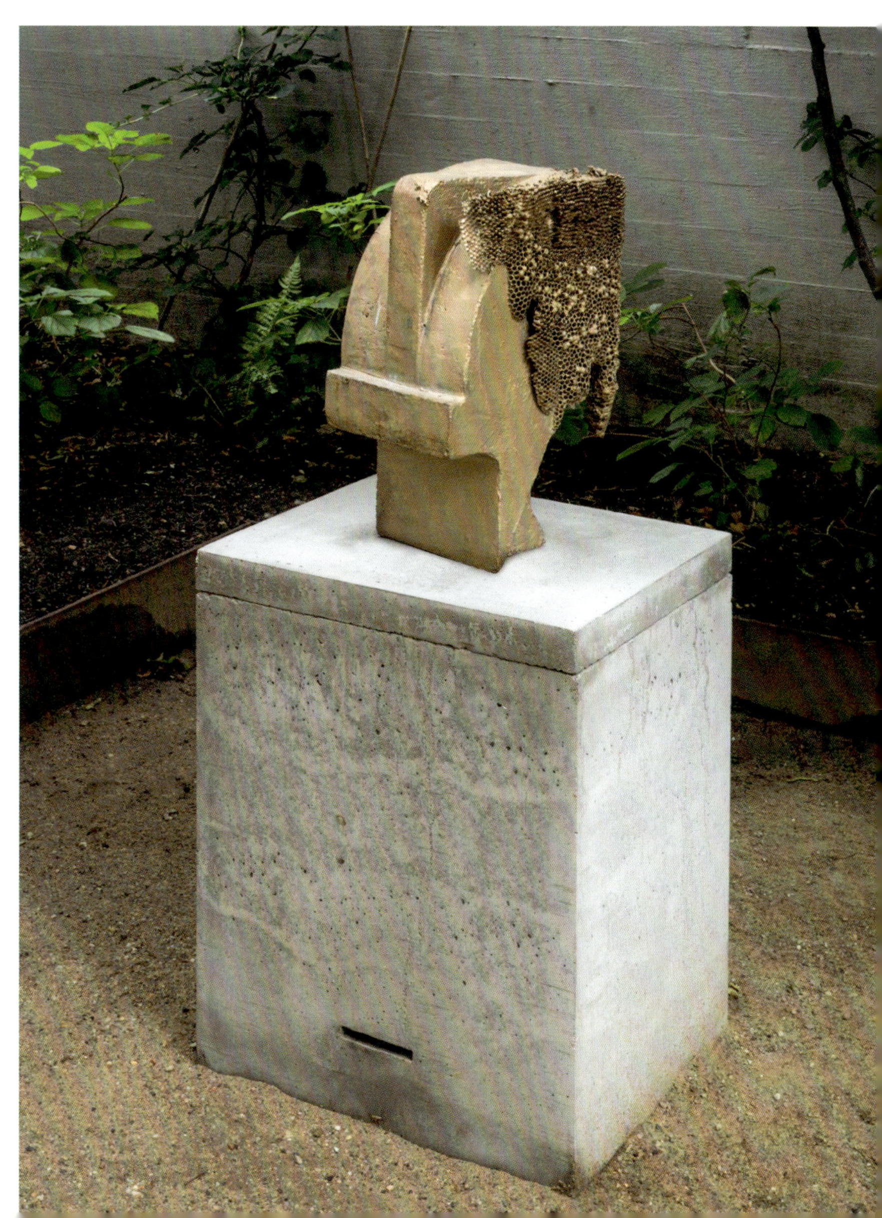

FOREWORD

Karin Scheel | Artistic Director, Schloss Biesdorf

"Well, finally!" some people will certainly think. Gold in the palace, just as it should be. Perhaps that was already the case at one time—we don't know. No photographs have been preserved with respect to the interior spaces of the building during its early history; nothing is known concerning the coloration, decoration, and furnishings dating from its first decades.

Even if the building is affectionately called a "palace," that is not what it actually is; the villa was built in 1886 in the late classicist style as a prestigious residence. The architect was Heino Schmieden (1835–1913) who, together with Martin Gropius, established what was one of the largest architectural associations of the time, the Sozietät Gropius & Schmieden. The stately villa, surrounded by the impressive, landmarked Schlosspark, has had an eventful history. Initially used as a residence by the Siemens family for the most part, it was handed over to the City of Berlin in 1927. At the end of the Second World War, the building was partially destroyed and later repaired in a makeshift manner. An extensive restoration, including the reconstruction of the upper floor, began in 2013 and was completed in 2016. Today Schloss Biesdorf is a veritable jewel amid the landscape of Berlin monuments, in which there are now only some twenty-five palaces and mansions. As the communal gallery of the Berlin district of Marzahn-Hellersdorf, Schloss Biesdorf now presents temporary exhibitions devoted to contemporary art and our cultural heritage, along with a small permanent exhibition on the history of the building.
All exhibitions are intensively accompanied by a wide-ranging program of art outreach aimed at all age groups. In addition, the program of Schloss Biesdorf includes various events, discussion evenings, artist conversations, performances, and workshops.

The gallery sees itself not exclusively as a site for the presentation of the visual arts, but also as a platform for the discussion of social and artistic issues. Hence the connection between cultural, political, and philosophical themes is repeatedly a focus of the exhibitions and art projects that are often specifically conceived for the site. An interweaving of these themes with the particular urban surroundings of Schloss Biesdorf may be discovered again and again in the artistic positions on display.

The exhibition DORÉ | VERGOLDET | GILDED is now opening up a further thematic field. Without a doubt, there is scarcely another material that is more emotionally charged than is the case with gold. Power, wealth, and conspicuous display have been associated with gold for centuries. At the same time, however, it also stands for the unfulfilled yearning for great fortune, the magical treasure of gold, or even the golden age. The enchanting aura of the word "gold" now suffuses all the rooms of Schloss Biesdorf, and manifests itself in a variety of current artistic positions that thematize and reflect upon our current era and investigate the role of this special material in a contemporary context. With its historical ambience, the exhibition site has been deliberately selected and offers a multiplicity of correspondences between history and the present. Guests to Schloss Biesdorf will not be able to experience the assumed splendor of times past, but they will certainly acquire new insights into a metal that continues to be shrouded in myth.

GILDED

Vincent Lieber | Director of the Château de Nyon

When Harald F. Theiss spoke with me about the exhibition that he was preparing on the theme of gilding in contemporary art, he immediately gained my complete attention. For a long time now, the Château de Nyon has been organizing exhibitions in which old and contemporary art encounter each other, and the idea of allowing old and contemporary gold to resonate with each other inspired me at once, notably because the theme of gilding is closely connected with the porcelain, produced at Nyon between 1781 and 1813, which we have been celebrating in a new presentation that is displayed on the second floor of the chateau since 2020.

The gold that adorned porcelain—in the form of decorative borders, ornamental festoons, and scrolling foliage—served to enhance the material, imparting even more luminosity to what was often called "white gold," a cherished treasure of the Age of Enlightenment. Today we are presenting, distributed over two floors and at a distance of two and a half centuries, works that bear witness in their own way to this attractive power of gold which has been used to enhance and embellish all sorts of works of art (and under whose influence King Midas suffered because of his excessive greed).

Old and current works are not mixed in the same exhibition here, with the exception of the porcelain service from Nyon featuring the initials "OR" (the initials of a mysterious male or female proprietor, unless one chooses to see therein an emphatic reference to the material of the gilding). It is true that, on these premises, we have presented numerous exhibitions in which old artifacts and contemporary works have been brought into relation with each other. In *Un bal masqué, XVIIIe siècle et art contemporain* (A Masked Ball, 18th-Century and Contemporary Art) in November 2017, a caraco of yellow brocaded silk from the 18th century entered into dialogue with vests by Versace and Westwood; canvasses by Jan de Vliegher depicted old porcelains from Nyon or from China; a bust by Christian Gonzenbach showed a Marie Antoinette, Queen of France, literally turned inside-out like a glove and iridescent with a metallic engobe; pictures by Karen Knorr competed with the walls of the chateau; and the magnificent film by Yinka Shonibare MBE, inspired by Verdi's opera *Un ballo in maschera* and featuring characters wearing costumes inspired by the Age of Enlightenment, was shown in a room of the chateau.

Earlier, the exhibition dedicated to Bouke de Vries, presented from November 2014 to April 2015, had presented the resolutely contemporary oeuvre of this artist, most notably the work *War and Pieces* consisting of fragments of old porcelain that were reinterpreted in modern compositions.

In the same spirit, the exhibition *Un été sicilien—Majoliques anciennes et art contemporain* (A Sicilian Summer—Old Majolica and Contemporary Art) combined old faience from Sicily with pictures of Sicilian palaces mirrored in extensive surfaces of stagnant oil, not to forget the fantastic film of Isaac Julian exploring not only the Baroque splendor of the Palazzo Valguarnera-Gangi Palermo but also the tragedy of migrants in the Mediterranean Ocean.

We are especially pleased to mention that, in parallel to this exhibition in Nyon, the Schloss Biesdorf in an eastern district of Berlin is organizing a twin exhibition. Berlin, by the way, was the native city of Jacob Dortu, the founder of the porcelain manufactory in Nyon (1781–1813)! Dortu's Protestant grand-father, who was originally from France, left his country as a consequence of the revocation of the Edict of Nantes by Louis XIV in 1685 and, like a large number of Frenchmen, was compelled to settle in a more tolerant country such as Switzerland with its thirteen cantons, the Netherlands, or (in his case) Prussia.

My thanks accordingly go to Harald Theiss for having suggested and realized this exhibition, and to Karin Schell, the artistic director of the Schloss Biesdorf for her collaboration on this catalog. Finally, I would like to thank all the staff of the Cultural Office in Nyon and my colleagues at the Château de Nyon for their constant assistance, especially Caroline Demierre Burri, who made a great contribution to setting up this present exhibition.

GILDED
A MATTER OF ALLURE

Harald F. Theiss | Curator of the exhibition

In most cases, objects are only gilded. Ever since Antiquity, gold plating has been a highly esteemed craft in which objects are provided with a layer of gold consisting of various color mixtures and alloys. In historical terms, the significance of the occasion and the functional use played essential roles: The objects served as brilliant decoration, conveyed symbolic value and prestige, and were utilized for religious ceremonies. In painting above all, genuine gold was regularly replaced by paints because, as Leon Battista Alberti explained in *Della pittura* (On Painting), "imitating the radiance of gold with paint" was considered to be more remarkable than the use of real gold in a picture.[1] The precious natural substance of gold and its brilliant color are both myth and magnet. People continue to feel its attraction right up until today. In contemporary art, gold's omnipresence still offers inducement and enticement to various actions and reflections (also) beyond the bounds of social utopias and golden eras. Gold's presence is everywhere, and accordingly it is more than merely a valuable material. The complex and multifaceted fascination surrounding it has remained. To be read in alternating succession in the animated work *Verirrungen* (Aberrations, 2015) by Claudia Kugler are the words *Gold, Gelb, Geld* (gold, yellow, money)—but what exactly appears as valuable, and why? It is far more the meanings and references in current economic systems and formulations of social policy that are addressed with artistic means from a critical stance or also with playful irony. Friedrich Nietzsche's statement about the revaluation of all values continues, even today, to impact upon the discourse about different value-systems in a globalized community.[2]

Is the recurring orientation in contemporary art towards a material so deeply rooted in tradition an attempt to free the precious metal from its historical heritage, from magnificence and melodrama? Is an inquiry required with regard to the saying that not everything that shines is gold, inasmuch as the unremittingly sought-after and shining substance is transferred or shifted into other contexts for the purpose—in its material-transcending and ceaselessly universal intelligibility, between crisis and

1 According to Monika Wagner; cf. *Das Material der Kunst. Eine andere Geschichte der Moderne* (Munich, 2013), 17.

2 Cf. Friedrich Nietzsche, *Umwertung aller Werte* (Munich, 1977).

kitsch—of re-examining old alliances and simultaneously overriding them with new affiliations?

GILDED gathers together artistic reactions which are brought into connection with the substance as well as with pigments, and which thereby cast light on certain thematic frameworks. This is less a matter of material fetishism or techniques than of activating quite diverse spaces of association by means of artistic expressions and interpretations and of stimulating critical thought. Many of the titles of the works on display allude to and quote gold as being a product of value with its historical but also further-conceived (personal) combinations in a rational world with irrational activities: for example, *Some people think the past is golden* by Philip Topolovac, *A Map of Good Memories* by Stéphanie Saadé, and *Imagine Gold* by Ruth Campau, while Andréas Lang retains *Goldene Zeiten* (Golden Eras) in the present. Other works such as *Begehren* (Desire) by Frauke Wilken, *Immobilien* (Real Estate) by Luka Fineisen, and *Trophy for Waving When Being Waved at* by Sebastian Neeb, as well as *Silenced with Gold* by David Krippendorff, formulate their own narratives, along with *BRD, Rauhfaser, gold* (BRD, Woodchip Wallpaper, Gold) by Karin Sander, *Schwarzes Gold* (Black Gold) by Alicja Kwade, and the installation *Beauteousness* by Eckart Hahn, to name only a few works here.

By way of a loose but compelling compilation of works of art, not only do there arise, due to the selection of the two exhibition sites, Château Nyon in Switzerland and Schloss Biesdorf near Berlin, unexpected connections with what is found there, but—with the historically resonant past of palatial buildings anchored in collective memory—palaces and their storied history continue to attract the attention and enthusiasm of people on a variety of levels, and with extensive references and activities. Today, as historical buildings, they not only embody a cultural heritage and are frequently used as museums, they are also places where, to some extent, political and representative decisions are still made. Alongside what is in most cases their architectural splendor, it is above all the precious furnishings, small sculptures, and miniatures which, as the historical inventory of palaces, are anchored in collective cultural memory. In contemporary times, these objects are important for research on the one hand, while on the other they have become sought-after artifacts from bygone eras, with increasing speculative value and controversial claims regarding their ownership. In this way, a reordering of things is set in motion, and thought is given to corrections of historical errors and injustices. At the same time, palaces are being reconstructed and, also in the designing and erecting of other buildings, their architectural styles are imitated, with or without reference to golden eras, or an entire facade is even covered in gold.[3]

3 As in the case of the "haunted house" with its gold-leaf facade in the building ensemble of the Fondazione Prada of OMA in Milan on p. 13.

In contrast to the artisanal craft of gilding, which is primarily used today in the restoration of old works of art and architecture as well as in the production of picture frames and the design of books, the spaces of this exhibition—after the gold-induced intoxication of the past—have been once again "gilded" by the artists primarily with worthless everyday objects, surfaces, and otherwise standard materials from the construction industry. In the tradition of the readymade, these are introduced into another significatory context. Gold is apparently not only dematerialized but also imitated or built up into an illusion. By means of various processes of refinement, the simplest things are assigned a different valuation. What occurs by means of the superimposition of materials and layerings of color is not only a material revaluation but also a moral re-evaluation.

Is it true that only what remains is or becomes worth gold?

The works featured in this exhibition engage, by means of genuine and artificial gold, in reflection concerning old and new alliances and processes of social transformation oscillating between communication and identification. There is a shifting of the stereotypical quotations and significatory levels of gold without, however, there being a rewriting of history. It is above all the eternal permanency and stability of gold that are subjected to questioning. But there is also a critical examination of capital investments: For example, is gilded art even more valuable today, and are the shining goblets and trophies made from gilt metal still ethically defensible with respect to an increasing pressure to perform? Is everything today nothing other than refined illusion? Or can there, in the debate and development centered around materialism, and situated between vulgar display and ostentatious luxury, nevertheless still be discerned an individual transformation in values within a society increasingly marked by capital and ownership, with a constantly growing economy and personal earnings?

Already in 1963, the artist Agnes Martin, known for her abstract painting, gave the name *Friendship* (see p. 15) to one of her pictures made with gold leaf. According to her own statements, she intended to occasion an exclusively emotional reaction in the viewers. Throughout her life, she was concerned with a search for beauty, calm, and clarity. Her artistic expression is linked to an intellectual connectivity and personal spirituality, and arose out of a mixture of ideas stemming from Zen Buddhism and American Transcendentalism, a 19th-century movement that emphasized the power of individuality and the meaning of nature. The intention was to bring the unconscious to light. *Friendship* is an inner experience; it experiments with visual habits and is supposed to render visible a sensation that one otherwise only feels or perceives as something emotional. "The value of art lies with the viewer.

When you discover what you like, you are actually experiencing something about yourself. [...] People who contemplate my painting say that it makes them happy, just like the feeling when you get up in the morning. And happiness is the goal, isn't it?"[4]

GILDED endeavors to achieve a fragmentary revision concerning the handling of the precious metal with artistic means. The exhibition seeks to reflect upon the altered relationship to the (color-)material and the amalgamations and reinterpretations of recent years, as well as upon the concomitant symbolic power and its conceptions of value. At the same time, it takes an inquiring look behind the refined surfaces and objects of the displayed works of art with their effects of golden light, with their focus that is not necessarily directed solely towards luxurious display and abundant wealth. Or does there continue to be significance in this magical relationship to the dazzling and apparently (or actually) high-value golden objects? Is it possible that they have today simply been shaped into other synergies and symbolisms, which have been deformed into revamped cognitive signs of wealth with a relevance to power and to the marketplace, because everyone understands GOLD?

4 Agnes Martin quoted in Tiffany Bell, "Glück ist das Ziel," in *Agnes Martin*, ed. Morris Frances, exh. cat. (Munich, 2015), 31.

OLIVIA BERCKEMEYER

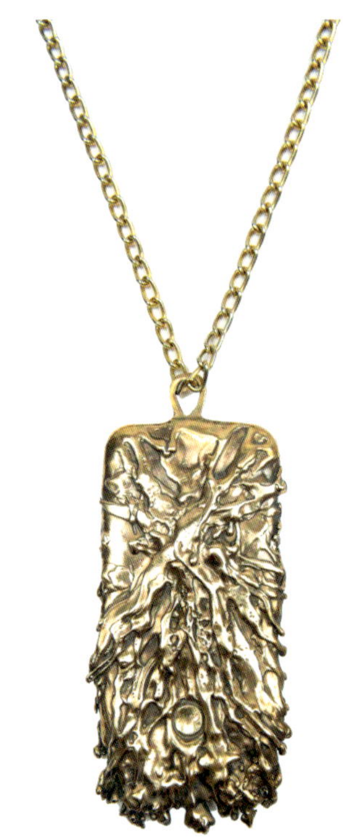

Olivia Berckemeyer
I Phone, 2019
Bronze Unikatguss, vergoldet 18 Karat
Unique fonte bronze plaqué or 18 carats
17 × 7 × 1 cm

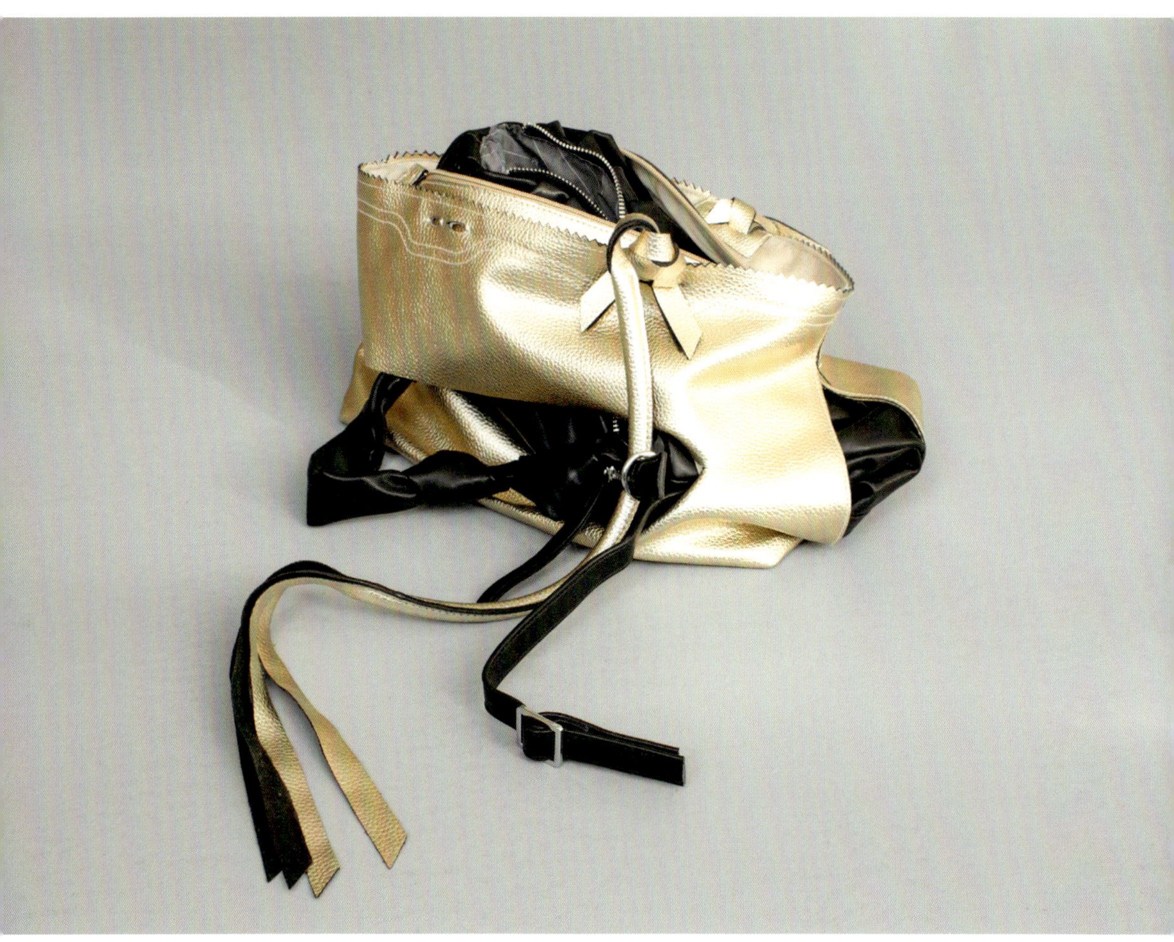

Andrea Winkler
BAGS #3, 2015
Handtasche (Kunstleder)
Sacs à main (cuir synthétique)
58 × 42 × 28 cm

Olivia Berckemeyer

With the skill of an expert craftswoman, this artist models different materials unconventionally. Primarily, she uses bronze and porcelain, or popular everyday objects including gilded ones, and deals with both figurative representations and abstract shapes. In so doing, she invokes and updates classic miniatures and small sculptures, sometimes ironically. Some of these continue to maintain their supposedly ornamental function; others their everyday use, albeit with a refined exterior. The shimmering surfaces of Berckemeyer's bronzes appear to drip as if made of wax and as though they would not inevitably guarantee timelessness. Her objects generate their own symbolism between artistic gestures and newly charged interpretation. Her latest works are, on the one hand, sought-after must-have consumer items which are good for portraying the self and thereby suitable for communicating to the outside world (*I Phone*, 2019), and on the other hand, objects with relevant political and societal dimensions and currently differently justified needs, as in the case of *Horizont* (2013) with its apparent, promising view and expectations full of hope beyond the horizon, or in *Memento Mori – Golden Mask* (2020/2021), where the interpretation and awareness of vanitas and impermanence is unpredictably updated. Luxury is ascribed another level of meaning, in which the barrier between reasonable and indispensable is renegotiated. Will the future be golden once more?

The universal quest for success and power and its reliability has become fragile in recent decades in many affluent societies. *Zahn der Zeit* (2014) can be seen as a metaphor for change and decay. Nowadays, the question is whether cog-wheels, the erstwhile symbol for progress, industrialization, and engineering, are becoming increasingly obsolete. Or is their symbolic form merely shifting from interlocking with smooth rotations and linear movements?

Antje Blumenstein

This artist works in series and groups of work in which she primarily examines artistic processes by using various materials. With her objects and space-filling installations, she communicates about forms of representability of space and, at the same time, with space itself. Even in her early work, Blumenstein was already using light and reflective surfaces. She works with found materials with which she updates the ideal sculpture and familiar forms, or the idea of these, creating new symbolism in today's world. The sculptural compositions and objects inspire her, between incomplete form-finding and complete, new attributes, in the production of other aesthetic and representative references (*Das Ende der Revolution*, 2011) in a reality characterized by a bourgeois democracy. Blumenstein repeats the same type of sculptural composition in her series *Glauben an den Glamour* (2009). Forms of beauty in this instance consist of inexpensive DIY store materials, PU foam, PVC, MDF, glass beads, and textile borders. The artificially gaudy ornamentation, teetering on the edge of kitsch, on the one hand resists simple categorization mechanisms while on the other it remains recognizable and decipherable as a reference for traditional monument and plinth forms. Today, with their references to art history and socio-politics, these are becoming, ironically, a commentary of cultural imprint; at the same time, they permit us to question the collective relationship towards production and representation throughout the ages.

Ruth Campau

In her works, this artist pushes the boundaries between painting, sculpture, and collage further than ever. Campau combines a wide variety of materialities and creates a new composition of a technoid-looking mash-up. She laminates various image carriers, such as acrylic glass sheets with a mirrored Mylar film, which, in turn, she coats with large, heavily paint-loaded brush strokes and acrylic paints. The final paint layer allows the (image) objects to glisten with their reflective surfaces spanning the room. From time to time, traces of the development process are left behind as an artifact (*The Beginning*, 2010). With her performative painterly concept, the artist moves beyond the realms of the traditional picture carrier or dissolves it entirely. The space abstractions mark and measure the location anew. The result is expanded cartographies that, in a certain way, celebrate and, at the same time, liberate the space from the existing layout. In this context, we speak of "poetics of space" (Gaston Bachelard, D*ie Poetik des Raumes* [Frankfurt am Main, 1987]). References to the cultural meaning of spatial installations and awareness can be found in Campau's "expanded paintings" such as *Imagine Gold* (2016). This golden monochrome wall installation literally pours into the space and is both an illusion and reflection. Using historical architectural references, the artist creates an intense interplay between color and natural light, so that the room and work merge into a spatial work of art.

Marianne Engel

Marianne Engel is a natural scientist; in her artistic work consisting of photography, objects, and stagings, she is interested in the hidden and mysterious realms of nature, mostly the life of plants. The imagination plays an essential role here and thereby makes it possible to experience levels of reality in a different manner. Objects are revivified through artistic means. Engel turns her attention to the processes of natural transformation undergone by forms of life between becoming and decaying. It is less the primal forms of nature and more a mental and creative state that is interiorized while examining her renditions. According to her own statements, her art must shine, including trees that previously died and have now been covered with gold spray all the way to eternal life: *Goldener Bonsai* and *Dunkelgoldener Bonsai* (both 2017). The artist is not interested in realistic depictions or repeated narrations but instead seeks to open up spaces of association that are mysterious and evocative. This is much more the creation of energetically charged atmospheres and moods in which not only the temporal element is preserved, but also the unconscious relationship between human beings and nature. The gold-plated surfaces shine and seem to be immaterial, like holograms that appear in the space and disappear once again—this could be the "lost Paradise."

Luka Fineisen

With her fluid and fleeting, occasionally large-format works, this artist has expanded the boundaries of conventional sculpture. There are transitional moments, changes of materials, or shifts of substances that alter from one condition into another and in so doing create forms. These remain, disappear, or solidify—for the most part deformed—in this process. Inspired by Modern Art and post-minimalism, Fineisen explores movement, ephemerality, and the potential and power of attraction of things. In the process, beauty and sensuousness play significant roles in which sculptures and objects appear at first glance to ensnare, only later to lose control again over their own creative achievement, as in the gilded miniatures with the associative title *Immobilen* (2008). Here, the "discovery" concerning the choice of material appears to be intentional and deliberately halted, where otherwise chance has also been involved in the process. The buildings merge and collapse into one another. They become a commentary on the condition of current socially relevant changes, which not only change urban spaces in particular but are also increasingly determined and deformed by immeasurable investment capital. As a result, Fineisen opens a space for critical projection and reflection and, at the same time, attempts to point to an alternative potential following the state of complete fusion and thus other value systems of "golden" opportunities.

Niklas Goldbach

With his photographic and video works, Niklas Goldbach investigates the tension and relationships between constructed and natural landscapes, between society and the individual, and the systems of control and power inherent to certain sequences of motion all the way to their cessation. The spectrum of his stylistic means ranges from documentary inventory-taking to fictionalization through postproduction in films. His photographic and filmic-artistic works are mostly parts of extensive complexes with which—in a certain, almost contradictory manner and through fragmentary observation—he approaches social processes in a new, constructed reality situated between functional and cultural design. By means of architecturally interchangeable images of modern and postmodern living environments, the motifs of his critical observations appear to be simultaneously site-independent and unspecific.

A higher degree of differentiation is evinced by the motifs in the multipartite photographic work *ISO 5* (2015), in which concealed and invisible elements become visible. Art has always been interested in illusionary symbols of real and artificial light. Goldbach's large-format photographs are downright luminous. They show enigmatic, sterile production spaces rendered in a dematerialized brilliance of golden-yellow lithography-light used to produce microsystems that are subject to a process-related sensitivity. They seem to be sites that are hermetically sealed off from the general public. Are these mysterious images from a secret research laboratory? Or is it a matter of a marketplace for constantly increasing capital gains for future golden eras that are additionally enhanced here by immaterial light?

Eckart Hahn

Within the context of this exhibition, *Subsurface* (2013) can also be viewed as referencing the craft of gilding in producing traditional picture frames, the difference being that the artist has apparently finished the back and left the front hidden. As is often the case, Hahn's enigmatic compositions elude unambiguous readings. Materials become much more collage-like to the fragmentary motif. Hahn's mostly surreal worlds and symbolically charged images are categorized as "New Magical Realism." Within this category are recurring fragments of art-historical genres such as still life—the interior, portrait, genre and historical painting and traditional motifs with an apparent fixed meaning such as the cross and drapery in *Subsurface*. At first glance, the picture elicits the intuitive impulse to turn it over and unravel the mystery. It could be the portrait of a deceased person if we interpret the black fabric stretched over the frame as a possible reference to this event and as representing a transitory state. The stretcher frame becomes a golden cross. Above all, in the case of sacred paintings, it has been acknowledged since the 14th century that the golden shimmer symbolizes heavenly paradise. Gold is painted onto the frame to create unity with the image. According to the artist himself, he is intrigued by the quest involved in intellectual and spiritual matters. There are recurring subtle traces of these throughout his work in his search for eternal allegories. For Hahn, formal ruptures in a realistic form of presentation are important components of his cross-genre work. Thus he describes the surfaces, for example, as a kind of language of artistic brainstorming. This is evident in the large-scale installation *Beauteousness* (2011/2022)—as a temporary but gilded testament of cultural production processes. It opens up a brightly set stage with various pictorial levels: the gilded painter's tools, the artist's golden shoes, a luxurious pelt. These are all marred by the word BEAUTY painted in black on the wall. The attempt to achieve beauty is confronted with the painful awareness that it can lose its way when there are differing ideas of values. In most cases, humans focus on the result and the relationship we have with it without, however, questioning the price that we must pay for achieving it.

David Krippendorff

Krippendorf paints and draws on paper, in addition to his many years of practice as a film artist, in which he also made his own identity as a foreigner in different cultures a subject of discussion and which brought him recognition as an artist. His works on paper often emerge in connection with his films, such as the series of music sheets overwritten in gold, created to accompany the 2015 award-winning film *Nothing Escapes My Eyes* about the concept of assimilation and belonging. The film is inspired by the story of the origins of Giuseppe Verdi's opera *Aida*, which, after a few delays, was premiered as a commissioned work in the newly built opera house in Cairo in 1871.

The plot involves love, betrayal, foreign rule, and exile. The artistic short film is a contemporary commentary on migration and escaping from regions of crisis. The artist has overwritten the Arabic lettering and applications of Islamic ornamentation in gold, creating commentaries on and translations of the libretto on the score of *Aida*. This added "orientalized" narrative layer not only permits a new reading but also gives rise to a reconsideration of the historical material and the political contexts linked to it. Possibly both the opera and the works on paper overwritten by Krippendorff can also be reinterpreted and read as conciliatory gestures. At the same time, they can be expanded further by interpreting the calligraphic lettering (the titles of the sheets correspond to the translation from the Arabic) as a commentary on the current status of being foreign, in order to ask deeper questions about national and cultural identity, homeland and loss.

Claudia Kugler

Claudia Kugler is an artist and communications designer. Her computer-generated works shift categorizations and abolish gray areas between art and design and applied art. In her artistic practice, she is concerned not with specific application but rather with (unconsciously) expanding across different media. In her own pictorial media, Kugler reflects upon multifarious meanings and associative connections between words and shapes. In this way, her compositions open up new interpretations thereby allowing other considerations, not only hybrid design variations. Her digital, endlessly repetitive and precise wordplay, as in *Verirrungen* (2015) allows interpretations which tempt a speculative restructuring of things between ubiquitous and universally understandable daily culture and economic market analysis: "GELB, GELD, GOLD" (yellow, money, gold).

Her animated work, in which the screen surface itself is the image carrier for the motif, simultaneously suggests a differentiated and direct communication with the viewer using financial systems, which not only determine life in general but also the production of art itself. Kugler's aesthetic (text) images are messages or commentaries on constructions, positions and situations which are not always immediately clear, in spite of the cultural and art-related references that we believe we recognize. They are programmed not entirely without irony and are reminiscent of the imagery concerning life introduced by Pop Art, characterized by mass consumerism and economic growth, between youth culture and protest movements. Kugler's artistic practice concerning the possible explores the potential of exceeding formal limitations. Beyond this, it builds up new areas of tension within that which exists, and, which at the same time allows perspectives focused on the future.

Alicja Kwade

Values are recurring themes in Alicja Kwade's work, which has grown extensively. In her often irritating arrangements of everyday objects she reflects social and economic events: the relationship and the connection between capital and production, of time, money and gold. She alters the concept of the supposed value of the material with targeted artistic interventions such as distortions and mirror images, and as a result expands not only our powers of imagination, but also the medium itself. Sculpture does not strive for an ideal form: Kwade transforms and arranges worthless objects by coating their surfaces with gold. In *Schwarzes Gold* (2008), she produces a precise combination of discourse and aesthetic, an effective pictorial metaphor. The universally well-known and used industrial product as an *objet trouvé* is gilded and becomes a minimal sculpture. Its subjective character and the non-referentiality is rescinded and thus it critically reflects on new contexts in contemporary realities and the associated economic and scientific systems of order. How is the relationship to reality perceived? And above all, how else can the world be imagined with a society not determined and regulated by growth, one in which the usual passage of time is also interrupted? Kwade dismantles materiality and measurability, or she casts doubt on the measurement of time, manipulates it between moments and standstill. *Causal Emergence (July)* (2019) has the effect of an ornamental brocade embroidery, in which the clock hands are arranged in an abstract (time) formation. The primary meanings are removed from things and a new aesthetic and emotional layer is added. Familiar perceptions shift. With her approach to research, the artist alters human consciousness, sharpens the senses, and, at the same time, makes flaws visible. In this way, she activates associative spaces in which reciprocal structures and shapes reify in new arrangements and processes.

Andréas Lang

In his historically motivated works, Andréas Lang seeks out forgotten sites between reality and fiction, longing and failure. By means of a visually and artistically motivated archaeology of what is imagined, past and present become alive in equal measure in the images of landscapes. In what are most often long-term projects, Lang repeatedly thematizes the changing stories of certain places which, at a first glance, seem to depict something unreal and unpredictable. The photographic artist manages to look with the camera behind an occurrence, to bring the spirit of these places into view; he touches upon inner images of collective memories. His search for traces opens up intermediate spaces. In this way, new questions concerning possible interpretations and narratives are raised; not infrequently, a transitory situation, along with the moment found there, brings historical events back to life and imbues them with an entertaining, contemporary presence. In a general contemplation of Lang's pictures, personal memories are simultaneously triggered—the beautiful brilliance of golden tinsel remains visible as the (temporary) trace of an ideal state, without the viewer being required to be familiar with the specific backgrounds and relationships, so that new elements are narrated further from another perspective. In this way, *Goldene Zeiten* (2010) becomes a pictorial medium for subjective emotion and at the same time a free space for the projection of individual associations, here and there, in front of and behind the golden curtain.

Via Lewandowsky

Via Lewandowsky often works with familiar ideas in a playful way. Characterized by realistic imagery, he is successful in causing "confusion" with changing artistic media that expand an audience's awareness and viewing habits. Often, in the situations set up with specific materials drawn from everyday life and the building industry, it is possible to detect an ironic moment. The procedural and the unexpected play a part with these objects used as starting points with which Lewandowsky takes a critical view of current conditions and criteria in society. The artist deprives the existing objects of their original function and reassigns them; in so doing, he establishes new relationships or even just conjectures in the perceptions of these things. The narrative pursued between commentary and discourse of geometric abstractions can also be rediscovered in the serial work from 2020 *Goldene Schnitte (bis zur letzten Faser)*. This produces and simultaneously evokes changing associations. Woodchip wallpaper is a standardized product for interior design, consisting of paper and layers of wood fiber. Initially used as a decorative material, it then became established as a wall covering in the 1920s. Nowadays, it is a byword for Germany's lower middle class and is received anew in different ways in the art world.

In Lewandowsky's work, the wood fibers are removed from the surface and either lie on the base of the object's picture frame or are not evident at all. Not only do society's long-standing conventions and norms appear to be eliminated and the representative forms moved but, as a result, the aesthetic rules and the ratio for calculating beauty, the golden ratio, have also disappeared. Both the ratio and the raw material are recontextualized by means of this artistic intervention: is it real, or is everything actually an illusion—and what remains of conformity sought by the majority? The gold background lends the images another material value. To this day, neutral surfaces are used both primarily in Christian murals and panel paintings and also in icon painting. Lewandowsky gives the normative an extraordinary dimension without, however, sacrificing ambiguity.

Michael Müller

Michael Müller says of himself that he cannot ever stop. His varied, comprehensive, and conceptual oeuvre does not have just one interpretation. Müller is continually expanding the methods and media of his artistic expression and combines works on paper with painting, text-based works, sculpture, and found objects, or with music and performance. In his projects, Müller explores ways of translating different levels of reality as the results of experiences from a transitory moment or from a thought diverging into the irrational. He often tackles the relationship of existing forms, methods, and norms. These connections are visible in his own forms; or he tries to find an answer to the question of "why?" He questions not only traditional exhibition formats and artistic production in general but also the meaning of authorship, using a complex artistic style. What explanations about the choice of things of this world can be found in *Collector's Choice* (2016)? The image carrier is a gilded, monochrome surface held together by an incalculable number of jigsaw puzzle pieces. At the same time, the apparent formation process is halted in a speculative manner. A clear interpretation eludes this enigmatic image; the title, however, places the work in a context that is conceivable yet invented by the artist himself: one that lies between obsessive form-finding and contemplative communication, and the quest for the whole.

Sebastian Neeb

The artistic work of Sebastian Neeb, situated between painting and sculpture, is defined by initially familiar representational forms and objects that have not only impacted upon the cultural memory of Western society in formal terms but also possess a symbolically charged meaning. This appropriation is more than just a confrontation with historical ascription and art-historical references. The Old Masters' craft of gilding is continued in the series *Trophies for Outstanding Performance Over Decades* by Sebastian Neeb, but without taking over the ideal form. Former trophies are deconstructed, disassembled, and shaped into new objects, except for their gold-plated surfaces. Their dubitable brilliance remains, but what performed actions and accomplished performances are now being attributed to them? In an ironical manner, the artist questions and comments upon both the omnipresent individual obsession of desiring to be perpetually perfect and its concomitant mechanisms, along with the mad focus on optimization in contemporary societies. At the same time, his trophies reflect upon the overall social responsibility of each individual, which is in danger of disappearing and of thereby melting into nonsensical accomplishments.

Similarly impactful are Neeb's gilded miniatures *Dilettante Kartoffeln wetteifern um die Gunst des Vaters* (2020–2021, and ongoing), which seem to assert themselves en masse through grimacing facial gestures. As a unique aesthetic category between self-representation and recognition, they initiate a dialogue with the audience—ambiguity continues to characterize the black, untreated head of the "Father" named in the title, in spite of its assignment to this continued serial work.

Andrea Pichl

Andrea Pichl's art engages with spatial perception and effect, that cause and reflect specific dynamics and cultural relationships. The artist is known for developing location-specific installations and interventions with which she reacts to strategies concerning urban living conditions, structures, and architectures. Pichl prefers to work with appropriations of banal everyday objects which she adopts for her spatial arrangements and places in different contexts. The objects are upgraded by spraying their surfaces, as in *Kapelle* (2018). In their new visual and material composition, the objects emit stimuli of taste and design. Their meaning is expanded into a more complex narrative concerning the history of civilization. Which questions about a society's development are being asked? What knowledge remains and can be decoded in the newly created artifacts? The artist leaves it to the viewers and collective impressions to find the specific answers. In fact, her sculptures and installations from familiar products in our everyday culture reveal an (interactive) interplay and the potential for transformation processes and also the relationships with each other and with us humans. At the same time, Pichl is interested in dissolving intended definitions and characteristics. And yet, from an observational perspective, she makes subtle relationships and traces visible with these things—it is the attempt to reflect on conditions in places and save them from disappearing by means of a more distinct current version of history. The refined construction elements made of plaster are contemporary archaeological references, communicating with the exhibition space; they are almost unobtrusively added or arranged, and complement the existing structure. Layouts and plans are sources for Pichl's artistic use of space in which she combines, restages, and references simple materials.

Johanna Reich

In her works, this media artist tackles the question of the relationship between reality, image, and likeness and examines the influence of New Media on our perception, thinking, and actions. For her performative works she uses different reproduction techniques, experiments with digital technologies, and actively uses public space as a projection surface. Within this, she examines social conditions, existential themes, and questions concerning normative identities and structures. Her works are a combination of photography, film, performance with painting, and sculpture. The large-format video *Virgin's Land* 2019 depicts the artist herself on a deserted beach with her back to the camera. With arms outstretched, she holds a golden survival blanket which flies in the wind like a flag. This severely reduced image provides space for multifarious associations and meanings. The artist herself references the Land Art experiments by the German Zero network of artists, specifically the Sahara Project by Heinz Mack of the 1950s and 1960s, in which he explores a foreign space with its limitless freedom.

At first glance, the scenery in *Virgin's Land* seems surreal. The shimmering flag has the effect of a signal and is, at the same time, a gesture of solidarity in an evidently still empty landscape with its reflective light. Identifiable as a survival blanket, it marks the difference between life and death for people in distress. As a golden surface in the picture, traditionally it refers to material grandeur and, at the same time, the supernatural. While in some of her earlier videos Johanna Reich can be viewed as consciously androgynous by her wearing of gender-neutral clothing, here she is recognizable as a female protagonist—a feminine view from the present into the still unclear future: an outlook full of hope or, for the time being, just a sign of a possible new beginning?

Julian Röder

Julian Röder's serially organized photographic works move between forms of communication and narration. These are simultaneously art, reportage, and documentation. In dialogue with reality, the pictures initially stimulate another perspective with regard to occurrences, yet they are more than mere inventories or records of the present era. For years now, Röder has been photographing scenes of power and control exercised by political and economic systems, the intoxication of consumption, destruction, and love. The photographer became known through his series *The Summits* focusing on protests at various G8 gatherings. In 2001 he documented the riots in Genoa, in which more than 300,000 people took to the streets and a demonstrator was shot and killed by the police. These are politically motivated images of resistance. With its conceptual approach, his work is both reminiscent of traditional subjects from art history and alludes to motifs drawn from advertising. His aesthetic visual language, which at first glance is disturbing, points towards contemporary social-political structures of crises, influence, violence, and economies. Disquieting and disturbing elements can be discovered in an unspectacular manner in the beauty of the images. The group of works entitled *The World of Warfare* (2011) shows scenes from the world's largest weapons fair in Abu Dhabi, which Röder uses to document the mechanisms of global financial markets and their interconnections. They become system-relevant brainteasers and have simultaneously entered into general political debates through photographic-artistic means. Today the world is confronted with new challenges and conflict situations. These signs and the valuations thereby set into mutual relationship may be sensed when viewing the photographs of Julian Röder, with which he also mercilessly reveals patterns of human interrelationship within different systems.

Stéphanie Saadé

At the center of Stéphanie Saadé's artistic work is an engagement with memory, the individual and collective experience of history and homeland, as is the case for many Lebanese artists of her own and previous generations. In contrast to many people of her own age and older colleagues, the aspect that characterizes Saadé's conceptual work is that she does not tackle the subject of civil war directly; rather, she develops a suggestive imagery, sharing her own experiences using quiet gestures and visual metaphors.

Her work is not a record of a humanitarian catastrophe, nor a processing of the consequences of the civil war: a recurring theme in broad swathes of contemporary Lebanese art. Instead, in a subtle manner, Saadé explores the themes of memory, violence, displacement, and scarring as well as reparation and resilience. By using materials and objects that she finds, she endeavors to reconstruct events and experiences. In *Golden Memories* (2015–2017), the artist has gilded photographs of her childhood. By doing this, she is overwriting history. At the same time, her own memory of this "golden" period of the adolescent phase of life has been rendered invisible. Above all, its significance has a different identity in cultural and societal terms and, in this particular case, it is characterized by political events. But this is not to forget or even ignore acts of war. Through artistic means and an "aesthetic of exile" and distance, the artist constructs an imaginary dialogue with the past and displacement in the present. The documentary archive of historical reports is replaced by personal experiences and objects, memory and recollection. The floor installation *A Map of Good Memories* (2015) follows on from this. It refers to moments in the past and various geographical places and, at the same time, draws the outlines of a geographical self-portrait. The gilded surface is altered by the visitors' footsteps. When they "travel" on it, the outlines disappear beneath their feet. *Golden Apple* (2014–2018) will also change during the exhibition—a new form of the vanitas motif and an examination of transience in the present.

Michael Sailstorfer

This artist is known for his unusual sculptures and temporary installations in the countryside. A particular characteristic of his artistic work is in intertwining everyday things and materials. Sailstorfer expands the understanding of sculpture with unusual constructions by adapting familiar objects, removing their function, altering their shapes, and adding something new to them by means of the transforming potential of the materials and allowing this to become visible. Often, at first glance, the result is irritating in its composition. When the multi-layered levels of meaning are observed, however, the sculptural works made from everyday objects allow associations with current socially relevant themes and conditions, making them interpretable in the long term; thus they are, in equal measure, ironic and critical commentaries. The artist questions our relationship with things and output in general through reinterpretations and shifts in context. Of particular interest is the interfusing of interior and exterior space, nature and sculpture, and natural and artificial.

Kopf und Körper Marzahn 03 was developed to mark the International Garden Exhibition 2017 in Berlin. Bee colonies completed work on three prefabricated models on site, setting in motion a creative process that could not be controlled. The blanks were then cast in bronze from the gold-colored honeycombs. In their pristine and archaic-looking form resembling a human face, they are formally inspired by the artist's series of masks that, in his own words, invoke African and Oceanic arts as well as modernist architectures and technical pieces. The original beehive made of concrete, in whose interior the sculpture was created over a period of time, serves as a plinth in the exhibition.

Karin Sander

Known around the world for her reduced and yet poetic gestures, Karin Sander's artistic choreographies allow an enhanced (aesthetic) potential to see that less is more. Sander is concerned with social conditions and, as an artist, poses questions about the relationship between authors, work, and recipients, and the artistic medium itself. It is an ongoing, participative interaction. Overall, Sanders engages with her place-specific interventions in existing situations and structures, broaches their (institutional) social conditions, and invites us to be involved. Sander is interested in processes of perception, and she confronts the expectations of the viewer with an expanded self-perception of art. The artist works with and explores the potential of things within what is already available in the tradition of readymades, and transfers it with subtle interventions into a different materiality. Her explorations allow her to examine the difference between the ordinary and art. Many things do not resemble art at all. According to her own statement she makes "visible something that is already there, but is in such a state that it is not perceived as being latent." On a formal level, her conceptual work and artistic processes are oriented towards the clarity and precision of Minimal Art.

A piece of cut wallpaper, *BRD, Woodchip Wallpaper, Gold* (2016) is gilded and presented as part of a simple wall piece. The image and the image carrier meld into one. The otherwise unperceived becomes visible in its altered state—and the apparently familiar in the given reality is developed further and conventions are pried open. The woodchip wallpaper is a contribution to Germany's history of invention; it was developed by the pharmacist Hugo Erfurt (1834–1922), and at that time it was known as "raw fiber." This wallpaper experienced its first big upturn in popularity during the Bauhaus period. For this revolutionary school of thought and design, the monochrome wall was the counter design to the ornamentation beloved by the Biedermeier period and the petty bourgeoisie. Nowadays, it is increasingly seen as merely a product and wall covering of yesterday's generation and, in the context of an exhibition, is considered as being almost an historic artifact. The title of the work also allows us to speculate about the old Federal Republic's past.

Karina Spechter

By a reduction of sculptural works, a lasting and effective presence is evident in the space. Frequently, these draw together the artist's experiences and observations in familiar forms drawn from daily culture. In this way, interaction develops between old and new interpretations. The casket, formed from many individual parts, which at first glance appear to be collected, creates the effect of the treasures stored inside appearing to be on the outside. If you look at the work carefully, its golden shining surface is made of thickly crocheted PVC film: a universally known synthetic material, originally used in the building industry and later in the production of various household wares and storage containers.

As Karina Spechter's artistic practice developed from canvas to sculpture, this surface texture has increasingly become a feature of her work. In *Glück / Happiness* (2001), her sculpture seems to acquire from its gilded coating a conspicuously dazzling physical presence in the room. This suggests or forces a certain positioning of the viewer to the mysterious-looking object with a lid. In this way, this plastic work becomes a confrontation with plastic itself, and thereby an analysis of the ambivalent relationship with mass production and consumption in a society characterized by its journey through significant change. This work of art confronts its viewer with the aphorism that all that glitters is not gold. This illusion shifts the general value system of gold and, with it, the idea of society influenced for centuries by wealth and treasures.

Henrik Strömberg

The starting point for his sculptural and photographic artworks are everyday finds and serve as a type of template from which Henrik Strömberg creates new objects for his conceptual and cross-media projects. In this regard, the artist is interested in the possibility of material transformation processes, which also expand the artistic media with which he works. This allows them to be received differently—the familiar shifts in the perception of things. In their formal rediscovery they are reminiscent of the remains of antique-looking objects of value or, as in *vertical violence* (2017), of rock formations that are reflected in the golden-yellow light and whose origins remain a matter of speculation in their configuration. Only the title of the photographic work conveyed into the negative bears any relation to the idea of the monument and, at the same time, references *Wurfsteine*, stones used in construction and thrown by demonstrators. Here, in their luminous guise, they almost seem to be a token between rebellious emancipation and triumph.

Strömberg's work is characterized by ambiguity. Through a staged state of disorder, it often develops a profound narrative in his attempt to rearrange things. A universally well-known showcase from the archives in a museum context receives a new and sensitive geo-political dimension from the consciously aesthetically arranged emptiness. It is loaded with repression and responsibility towards cultural origins, possession, and the sharing of artifacts. The valuable traces left on the floor appear as something distant—they are contextualized into gestures. The past and present corrective actions suggested in this way are thus attributed altered historical interpretations.

Philip Topolovac

Philip Topolovac is something like an archaeologist of the present who seeks and finds the bases for his sculptures and objects at such places as the construction sites that are laid open when urban wasteland is being built on today. With the help of these found pieces, and through their condition altered by the time spent in the ground, he examines the character of the world and our relationship to it. Most often, it is a matter of remains or traces from the Second World War, melted and misshapen from fires burning in Berlin. The objects have outlasted time amid the rubble and have been removed from the layers of earth decades later. Now, as found pieces, they have been reconstructed by Topolovac by means of a material transformation; covered with a new 24-karat gold-plating, they are not only staged as valuable artifacts of a fictitious collection but also acquire an expanded significance as historical witnesses—between research, knowledge, and history. The objects from the ongoing series *Some people think the past is golden* are not always recognizable at a first glance, but most often were once familiar everyday things or fragments therefrom. Thus various narratives are set in motion—between the interpretation of a golden past and the objects' new, upgraded attribution today. The proverbial metaphor of the "golden past" as a transfiguring projection made from a present perspective is, in a certain sense, taken literally in the sculptural series and thereby subjected to critical scrutiny. A transformation occurs not only in the examining gaze but also in the meaning of these objects, which narrate more than mere stories about provenance, utilization, and affiliation.

Panos Tsagaris

Panos Tsagaris's interdisciplinary artistic work is characterized by forms of the spiritual and mystical which he attempts to translate pictorially by means of a philosophical consciousness. He researches notions of transformation processes as they materialize in contemporary life and in the global socio- political matrix, on both an individual and a collective level. Using artistic means, Tsagaris aspires to capture the fragile connection between the seen and the unseen, the conscious and the unconscious, the material and the immaterial. At the same time, he endeavors to develop visual insights, or rather, a design language for values through which he questions shifts and meanings but also their loss in perpetual change. Marked by a fascination for the occult, spiritualism, mystical scientific principles, and states of consciousness, Panos Tsagaris's art is influenced both by current events and the relationship between the sacred and the profane.

April 11, 2016 is part of the extensive *Golden Newspaper* series consisting of overpainted front pages of *The New York Times*, and it depicts just one image of the unrest between refugees and the local police that took place on Greece's northern border. The news report about the incident is covered in gold leaf and cannot be read; only the main image is visible. As a result, Tsagaris shifts the focus of the economic crisis and its immediate effects onto people and societies. He refers to other types of wealth beyond the material. It is rather the way and goal in a changed consciousness or value system. Gold is a recurrent element in the artist's work. It signifies the divine, illustrated by its extensive use in religious iconography as the color of transcendence and purity, and also the ultimate aim of the artist and alchemist himself to transform the worthless into something precious. In this regard, news for immediate consumption about the Greek recession or the refugee crisis is elevated to a source of contemplation, whereby the front page of a daily newspaper is declared to be an iconic image, only to be thrown away soon afterwards.

Frauke Wilken

As a sculptor, this artist works primarily with textile materials. These become organic sculptures by means of a technique combining collage and sewing. Situated between the abstract and figuration, these works are reminiscent of seemingly enigmatic and anthropomorphic hybrid creatures. Abstract or fragmented body parts evolve a life of their own beyond their materiality, leaving feelings of physical discomfort and unease. Occasionally, they are reminiscent of undefined organisms with camouflaged surfaces that have already been manipulated for research purposes, or they develop ambiguities, as with *gehörnter* (2022). The artist allows other hybrid shapes to communicate powerfully in and with the environment. They blend in with or alter the exterior space in speculative moments.

Metamorphoses, also in a figurative sense, are the focus of Frauke Wilken's artistic consideration and something for which she has developed a mystical form vocabulary over the past few decades. They are often indefinite or unfinished forms of creatures in an intermediate state between becoming and dissolving. Meanwhile, this fragmented form is also an ironic moment or acquires a spiritual dimension from the gilded surface, as seen with a work such as *begehren* (2005/2015). Loaded with symbolism, Frauke Wilken's works, which at first glance appear contradictory, reference the essential motivation of human incentives, tendencies and desires—between research and belief, discovery and knowledge. Through the soft and fragile surfaces of her objects, questions are raised about the impact of science on life as well as the state of things in general and their meaning-oriented motives. Illusion and reality merge visibly.

Andrea Winkler

With her installations, objects and objets trouvés, this artist constructs site-specific scenarios in which the physical experience plays a significant role. Her "Ding-Collagen" (literally "Collages of things") explore new and unexpected connections in the exhibition space—reacting directly with the environment. Temporary stages and choreographies are created with everyday objects, some symbolically loaded, confronting the viewer with new perceptions and relationships. Association spaces are opened up, which evoke diffuse atmospheric pictures between absence, loss and also fascination. Her compositions are reminiscent of simulated environments for archaeological findings of the present. As a type of witness, she "collects them up" to situate stories by means of a hybrid aesthetic, and to tell them to others or rediscover them instantly. The artist questions our behavior and relationship towards order and security, consumption and production, and thereby towards the present social design processes. She alienates the now familiar barriers that determine our behavior not only in public spaces: barriers that regulate us and pressure us to align ourselves in controlled processes.

The surfaces of barrier columns, finished and polished to a bright shine by the artist, increasingly suggest exclusivity (*Short Lets Considered (SBU)*, 2021). Even the misshapen golden handbag (*BAGS #3*, 2015), turning its inner life outwards, creates an aggressive tension: a speculative moment made up of questions and perception, possibly with hints and (subversive) instructions, once it has evidently lost its glamorous cult status and recognizable social affiliation. With a varying everyday aesthetic, Winkler not only refers to the material things found in the world of consumption that surrounds us, but also to fragile conditions and the process of change in society.

Clemens Wolf

Within the compositions arranged in the space, Clemens Wolf tries to capture specific incidents and moments that cannot be repeated. Whereas earlier on he explored the decay and processes of transformation in the urban space on large-scale canvases, later his artistic tools became the materials that are reminiscent of this. These are complemented by discarded reserve parachutes. These, refolded, shaped, and (gold-)coated, are presented as moments, irretrievable and frozen. Transience is expressed in both works, *Opened Space* (2010) and *Parachute Sculpture Gold* (2019). Wolf simultaneously expands the media of sculpture and painting, and swaps the canvas for materials both used and no longer used for the intended purpose, while the sculpture acquires its shape from gilded building equipment. Within the interplay between the abstract and the figurative, questions in the present are posed about the immediate past. Which "heroes" are alluded to? What exclusive access with the installation from the readymades in *Opened Space* (2010) is granted or denied, that with its geometrically reduced form vocabulary is reminiscent of cool, highly polished objects found in

Minimal Art: who is inside, and who remains outside? A moment of disorientation is deliberately intentional and noticeable. Clemens Wolf's preoccupation with fences is, not least, a reference to social issues: life in front of and behind the fence. Nevertheless, barriers also allow a perspective, they become fragile over time and allow unprotected (temporary) open spaces to increase—if in addition to research and rescue the parachute also harbors freedom.

He Xiangyu

This artist belongs to a generation of Chinese conceptual artists working with various media to express cultural and social topics. His art is focused on researching and tackling the functioning and structural contexts of current social systems. This mostly involves the interaction of political and economic interests and strategies and their effects on the relevant societies. Due to mass production and consumption, socio-cultural value systems are shifting in contemporary (Chinese) societies. He Xiangyu explores these processes and their power structures by ascribing a different meaning to universally familiar objects and symbols in their composition and through certain material changes. A change in perspective takes place. Making analogies to social events, he poses questions concerning market-oriented conditions and their international economic contexts, which can also be transferred to global developments and desirability in the art market. The associated arbitrariness of values was the central theme of He Xiangyu's now internationally known work *200g Gold, 62g Protein* (2012), an egg box made of solid gold containing a regular hen's egg, and also of *Eggholder* (2019) and its variations. New value is ascribed to these objects, in order to load them with a different meaning. The refining process in *Untitled* (2021) stops at overwriting or coating a commonly known industrial product. Thus the material orientation in the existing value system remains undecided.

Olivia Berckemeyer was born in Munich, Germany. She studied at the Akademie der Bildenden Künste in Nuremberg and at the Kunstakademie Düsseldorf under Hubert Kiecol and Fritz Schwegler, with whom she graduated as a master student. Berckemeyer has exhibited works internationally in Los Angeles, New York, Tokyo, Zurich, Brussels, Vienna, Munich, and Berlin, where she is represented by Galerie Michael Fuchs. The artist lives and works in Berlin.
https://oliviaberckemeyer.com

Antje Blumenstein was born in Dresden, Germany. She studied graphic design at the Akademie der Bildenden Künste Nürnberg and painting/graphics at the Hochschule für bildende Künste Dresden, and was a master student under Eberhard Bosslet. Blumenstein has received numerous bursaries, most recently the Sonderstipendium INITIAL from the Akademie der Künste Berlin. She has held solo exhibitions at the Sculpture Collection in Dresden, the Kunsthaus Erfurt, the Georg Kolbe Museum in Berlin, and the Stiftung Konzeptuelle Kunst, Raum Schroth, in Soest, together with works by Tom Mosley. In addition, she has contributed to numerous group exhibitions. The artists lives and works in Berlin.
https://www.antjeblumenstein.de

Ruth Campau was born in Copenhagen, Denmark. She studied art history and is a member of the Royal Danish Academy of Fine Arts. Campau's work is represented in well-known collections, and she has received numerous awards and prizes. Her work is not only regularly exhibited in her homeland but also in Berlin, Dresden, Zurich, London, Amsterdam, and Cáceres, to name just a few cities. The artist lives and works in Copenhagen.
https://www.campau.dk

Marianne Engel was born in Wettingen, Switzerland. She studied biochemistry, receiving her diploma at Zürich Universität, and is a self-taught artist. After many years of artistic-related travel and instruction both in Switzerland and abroad, she returned to her native country, where she has participated in numerous exhibitions at institutions such as the Aargauer Kunsthaus in Aarau, DIENSTGEBÄUDE in Zurich, the Kunsthaus Zofingen, the Biennale Kulturort Weiertal in Winterthur, the Helvetia Art Forum in Basel, the Neues Museum and the Kunsthaus PasquArt in Biel, and the Museo Cantonale d'Arte in Lugano. The artist lives and works in Etzwil, Switzerland.
http://www.marengel.ch

Luka Fineisen was born in Offenburg, Germany. Before undertaking her studies at the Kunstakademie Düsseldorf under Fritz Schwegler and Irmin Kamp, she studied sculpture for several years in the USA, including at the Memphis College of Art. She has had solo exhibitions and installations at the Museum Folkwang in Essen, the Kunstmuseum Stuttgart, the Kunsthalle Bremerhaven, and the Maison Rouge in Paris, and has contributed to numerous group exhibitions including at the Marta Herford, the Lehmbruck Museum in Duisburg, the Kunstmuseum Bonn, the Museum Morsbroich in Leverkusen, the Wilhelm-Hack-Museum in Ludwigshafen, and the Kunsthalle Düsseldorf. The artist lives and works in Los Angeles.
http://www.lukafineisen.de

Niklas Goldbach was born in Witten, Germany. He studied sociology at the Universität Bielefeld, integrated media arts at Hunter College in New York City, and experimental media design at the Universität der Künste in Berlin, where he graduated in 2005 as a master student. He taught as a guest professor at the Universität der Künste in Berlin. He has received several travel and residence stipends, including a sojourn at the Villa Aurora in Los Angeles, and his work has been awarded prizes and exhibited internationally: at the Museum der Moderne in Salzburg, the Museo Reina Sofía in Madrid, the Mori-Art Museum in Tokyo, the Shanghai 21st Century Minsheng Art Museum, the Barbican Centre in London, the Kunsthaus Dresden, the Neuer Berliner Kunstverein n.b.k., the Cornerhouse in Manchester, the National Taiwan Museum of Fine Arts, Taichung, the Centre Pompidou in Paris, ZKM Karlsruhe, the public programs of documenta 14, the Internationale Kurzfilmtagen Oberhausen, the Berlinische Galerie and the Museum Ludwig in Cologne. The artist lives and works in Berlin.
https://www.niklasgoldbach.de

Eckart Hahn was born in Freiburg im Breisgau, Germany. He studied photography and art history and then completed a degree in graphic design at the Johannes-Gutenberg-Schule in Stuttgart. His illusionistic images have been displayed in numerous exhibitions in Germany and abroad. Many of his works are to be found in major institutional and private collections around the world. The artist lives and works in Reutlingen.
https://eckarthahn.com

David Krippendorff was born in Berlin, Germany and grew up in Rome, Italy. He studied at the Hochschule der Künste in Berlin where he graduated as a master student. His works have been displayed widely including at the Neuer Aachener Kunstverein, the PS1 Contemporary Art Center in New York, the Hamburger Kunsthalle, the 4th Videozone in Tel Aviv, the Kunsthal 44Møen in Askeby, and many international art and film festivals. In addition, several works can be found in major art collections. In his most recent films and his current project, Krippendorff has been working with the Palestinian actress Hiam Abbass. The artist lives and works in Berlin.
http://www.davidkrippendorff.com

Claudia Kugler was born in Auerbach, Germany. She studied communication design at the Fachhochschule in Nuremberg and graduated as a master student in 2002 at the Akademie der Bildenden Künste in the same city. Her works have been exhibited in numerous galleries, including in Düsseldorf, Cologne, Vienna, London, and Berlin, where she also runs a design studio. The artist lives and works in Berlin.
http://www.ckugler.de

Alicja Kwade was born in Katowice, Poland. She studied at the Universität der Künste Berlin under Dieter Hacker and Christiane Möbus, and today is a highly sought-after artist internationally. Her work has been exhibited widely, including in New York, Tours, Helsinki, Copenhagen, Zurich, Barcelona, Shanghai, Reykjavik, Venice, and London. The artist lives and works in Berlin.
https://www.alicjakwade.com

Andréas Lang was born in Zweibrücken/Palatinate in Germany. From 1985 to 1991, he was an assistant to the photographers Dieter Blum, Michael Leis, and Werner Janda. Later on, he lived as a freelance photographer in Paris. After numerous project-related sojourns and investigatory travels abroad, many of his familiar photographs and films on postcolonial history were created. Lang's recent work has appeared in solo exhibitions at such institutions as the DHM, the Guardini Galerie, and the Alfred Ehrhardt Stiftung in Berlin, and the Münchener Stadtmuseum in Munich. Lang is this year's recipient of the Lotto Brandenburg Art Prize for Photography. The artist lives and works in Berlin and elsewhere.
https://www.lang-photo.com

Via Lewandowsky was born in Dresden and studied at the Hochschule für Bildende Künste Dresden. Between 1985 and 1989, he organized subversive performances with the avant-garde group the "Autoperforations-artisten," which undermined the official art establishment of the German Democratic Republic (GDR). Shortly before the Berlin Wall fell in 1989, he left the GDR and moved to West Berlin. In addition to his cross-media artistic practice, Lewandowsky works in and with public spaces. This multi-award-winning artist became internationally known following his involvement in documenta 9 in 1992. Amongst other accolades, he has been a fellow at the Villa Aurora in Los Angeles. His work has been exhibited in numerous museums and galleries, including in Berlin, Vienna, Munich, Leipzig, New York, Budapest, London, Warsaw, Seoul, and Beijing. The artist lives and works in Berlin.

Michael Müller was born in Ingelheim am Rhein, Germany. Following a short period of study at the Kunstakademie Düsseldorf under Magdalena Jetelová, he spent over a decade in Ladakh, India, including a stint in a monastery. He has had solo exhibitions at Galerie Thomas Schulte, the Sammlung Wemhöner, and KW Institute for Contemporary Art, all in Berlin,

Jhaveri Contemporary in Mumbai, and the Staatliche Kunsthalle Baden-Baden. He has participated in group shows at the Drawing Biennial at the Drawing Room in London, the Künstlerhaus Bregenz, the Kunstsaele Berlin, the Kunsthaus Hamburg, the Brandenburgischer Kunstverein Potsdam, the Konrad-Adenauer-Stiftung in Berlin, the Bundeskunsthalle and the Kunstmuseum Bonn, and the Kunsthaus Dresden. From 2015 to 2918 he taught at the Universität der Künste Berlin. The artist lives and works in Berlin.
http://www.studiomichaelmueller.com

Sebastian Neeb was born in Güstrow, Germany. He studied philosophy at Humboldt-Universität and free art at the Universität der Künste in Berlin, and was a master student of Daniel Richter and Robert Lucander. His works have recently been shown at the Kunstverein Ludwigsburg, KWADRAT Berlin, and SETAREH Düsseldorf, as well as at Reiter in Hamburg and BEERS London; other venues include the Goethe Institute in Lille and in Hong Kong, plus the Vietnamese National Museum of the Fine Arts in Hanoi, and the salondergegenwart in Hamburg, to name only a few. The artist lives and works in Berlin.
https://www.sebastianneeb.de

Andrea Pichl was born in Berlin, Germany. She took a Master's degree and a diploma at the Weißensee Kunsthochschule Berlin and afterwards a Master of Arts at Chelsea College of Art & Design in London. Her work is exhibited regularly, including at the Kunsthalle Rostock, the Kunstverein am Rosa-Luxemburg-Platz, the Hamburger Bahnhof – Museum für Gegenwart – Berlin, the galerie weisser elefant, and the Haus am Lützowplatz, all in Berlin, as well as the Bauhaus Dessau, the Kunstmuseum Moritzburg in Halle (Saale), and the Brandenburgisches Landesmuseum für moderne Kunst in Cottbus. The artist lives and works in Berlin.
https://andreapichl.com

Johanna Reich was born in Minden, Germany. After taking a degree at the Kunstakademie in Münster, she studied under Wim Wenders at the Hochschule für Bildende Künste (HFBK) Hamburg and completed her postgraduate studies under Julia Scher and Mischa Kuball at the Kunsthochschule für Medien (KHM) in Cologne. Among her awards, she won the Förderpreis des Landes NRW for Media Arts, the Konrad von Soest Prize, and the Nam June Paik Award. Her work has been exhibited in numerous international museums, such as the Tokyo Metropolitan Museum of Photography, the Museo Reina Sofia Madrid, MOCCA Toronto, the Frankfurter Kunstverein, and the Palais de Tokyo Paris, and can be found in many collections such as the Sammlung Goetz in Munich and the Jerry Speyer Collection in New York. Johanna Reich has held a deputy professorship at the Akademie der Bildenden Künste in Munich since 2020. Since 2014, as part of her Resurface project, she has been working on an archive of female artists of the 19th and 20th centuries. These women were well-known

and successful in their lifetimes but have been forgotten within history written predominantly by men. The artist lives and works in Cologne.
https://johannareich.com

Julian Röder was born in Erfurt, Germany. From 1997 he trained at the renowned photographic agency Ostkreuz; subsequently, he studied at the Ostkreuzschule für Fotografie in Berlin and the Hochschule für Grafik und Buchkunst in Leipzig, as well as at the Hochschule für Angewandte Wissenschaften in Hamburg. Röder has received numerous prizes for his photographic oeuvre. His works have been shown in the framework of both group and solo exhibitions at numerous important institutions including C/O Berlin, the Museum für Fotografie in Berlin, KW Institute for Contemporary Art in Berlin, Haus am Waldsee in Berlin, the Kunstverein Ulm, the Museum of Modern Art in Moscow, ZKM Karlsruhe, Haus der Kulturen der Welt in Berlin, the Bundeskunsthalle in Bonn, and the Center for Contemporary Art in Tel Aviv-Yafo. In 2014 Röder received the Ellen Auerbach Stipend for Photography from the Akademie der Künste in Berlin. The artist lives and works in Berlin.
https://cargocollective.com/julianroeder

Stéphanie Saadé was born near Beirut, Lebanon. She studied at the École nationale supérieure des Beaux-Arts in Paris and at the China Academy of Art in Hangzhou. Saadé has had numerous exhibitions in institutions, including in the Museum Van Loon in Amsterdam, the Punta della Dogana in Venice, the Museum of Contemporary Art Toronto, the Sharjah Biennale 13 in Sharjah, UAE, the MAXXI in Rome, the M HKA in Antwerp, the Kunsthaus Pasquart Biel/Bienne in Switzerland, the National Gallery of Iceland in Reykjavík, the Oslo Kunstforening, the Casa Árabe in Madrid, the Centro de Documentación y Estudios Avanzados de Arte Contemporáneo in Murcia, the Beirut Art Center, and the A. M. Qattan Foundation in Ramallah. The artist lives and works in Beirut, Paris, and Amsterdam.
http://www.stephaniesaade.com

Michael Sailstorfer was born in Velden, Germany. He studied at the Akademie der Bildenden Künste München under Nikolaus Gerhart, Olaf Metzel, and others, and at Goldsmiths, University of London. Michael Sailstorfer's objects, installations and sculptures, some of which have won awards, have been displayed in a series of solo and group exhibitions in internationally renowned galleries and institutions. The artist lives and works in Berlin.
http://sailstorfer.de

Karin Sander was born in Bensberg, Germany. She studied free art and art history at the Staatliche Akademie der Bildenden Künste Stuttgart and took part in the Independent Study Program organized by the Whitney Museum of American Art in New York. The work of this multi-award-winning artist has been received and exhibited around the world. Sander's work can be found in numerous international collections and exhibitions. In 2007, she was elected to the Akademie der Künste Berlin and has been the director of the visual arts division there since November 2021. She holds a professorship at the ETH Zurich. The artist lives and works in Berlin and Zurich.
https://www.karinsander.de/en

Karina Spechter was born in Tübingen, Germany. She studied at the Staatliche Kunstakademie Düsseldorf, Abteilung Münster, under Jochen Zellmann and Ludmilla von Arseniew, and later at the Hochschule der Künste Berlin under Georg Baselitz as a master student. Spechter's works have been displayed in numerous exhibitions in Germany and abroad. She is represented by Semjon Contemporary, Galerie für Zeitgenössische Kunst, Berlin. The artist lives and works in Berlin.

Henrik Strömberg was born in Sweden. He studied free art in Prague at the Film and TV School of the Academy of Performing Arts (FAMU) and later at the Camberwell College of Arts in London. He has received numerous bursaries and residencies, most recently at the Alexander Tutsek-Stiftung in Munich and the Fondazione Morra in Naples where he had a solo exhibition. His work is represented in several well-known institutional and private collections and has been on display in Berlin, Stockholm, Lucerne, Geneva, and Venice. The artist lives and works in Berlin.
https://www.henrikstromberg.com

Philip Topolovac was born in Würzburg, Germany. From 2001 to 2008 he studied at the Universität der Künste in Berlin with Christiane Möbus. The artist achieved international recognition with *I've never been to Berghain* (2016): a detailed reconstruction of the legendary Berlin club Berghain. Recently his works have been displayed at the Deichtorhallen in Hamburg and the Kunstverein Bayreuth as well as at the Kunsthal Rotterdam, the Design Museum in London, the Cité de la musique in Paris, and the Vitra Design Museum in Weil am Rhein. His works may be found in such places as the Julia Stoschek Collection in Berlin and Düsseldorf, the Gladstone Gallery in New York and Brussels, and the Deutsches Architekturmuseum in Frankfurt. The artist lives and works in Berlin.
https://philip-topolovac.com

Panos Tsagaris was born in Athens, Greece. He studied at the Emily Carr University of Art + Design in Vancouver. His works are on display internationally at locations including the Casino Luxembourg, the 4th Thessaloniki Biennale of Contemporary Art, the Palais de Tokyo in Paris, the Galerie Belvedere in Vienna, the Benaki Museum in Athens, the FLAG Art Foundation in New York, the Deutsches Hygiene-Museum in Dresden, and 68 Projects in Berlin. The artist lives and works in New York.
https://www.panostsagaris.com

Frauke Wilken was born in Göttingen, Germany. She studied free art at the Facultat de Belles Arts in Barcelona and the Braunschweig University of Art under Hans Peter Zimmer where she completed her studies as a master student. Her art has appeared in numerous exhibitions in Germany and abroad, including Belgium, Italy, the Netherlands, the USA, and Switzerland. She has been a lecturer at the Melanchthon-Akademie of the Evangelischer Kirchenverband Köln und Region. The artist lives and works in Cologne.
https://www.frauke-wilken.de

Andrea Winkler was born in Zurich, Switzerland. She studied at the Hochschule für bildende Künste Hamburg under Wolfgang Tillmans, Cerith Wyn Evans, and Gisela Bullacher, and later attended the Slade School of Fine Art in London. In addition to being shown in regular international gallery exhibitions, her works are displayed in institutions that include the Aargauer Kunsthaus in Aarau, the Shedhalle in Zurich, the Kunst Halle Sankt Gallen, the Kunsthaus Hamburg, the neue Gesellschaft für bildende Kunst in Berlin, the KAI 10 | Arthena Foundation in Düsseldorf, and the Hartware MedienKunstVerein in Dortmund (together with works by Stefan Panhans). The artist lives and works in Berlin and Hamburg.
http://www.andreawinkler.org

Clemens Wolf was born in Vienna, Austria. He studied graphics and painting at the Johannes Kepler Universität in Linz under Ursula Hübner. His work has been shown internationally in solo exhibitions in Austria, Germany, Switzerland, France, Poland, the USA, and China, and has been included in biennials such as the Istanbul Biennial in 2019. His works are also included in major private collections such as the STRABAG Art Collection and in institutional collections such as the Albertina in Vienna. The artist lives and works in Vienna.
https://clemenswolf.com

He Xiangyu was born in Dandong, Liaoning Province, China and studied at Shenyang Normal University. His work has received international attention and has recently been shown at locations including the Kunst Museum in Bern, the Kunstmuseum in Wolfsburg, the Centre for Chinese Contemporary Art in Manchester, the A4 Art Museum in Chengdu, Qiao Space in Shanghai, the UCCA Center for Contemporary Art in Beijing, the 4A Centre for Contemporary Asian Art in Sydney, the Castello di Rivoli Museo d'Arte Contemporanea in Turin, the Chinese pavilion at the 58th Venice Biennale (2019), the Centre Georges Pompidou in Paris, and KW Institute for Contemporary Art in Berlin. The artist lives and works in Beijing and Berlin.
https://www.hexiangyu.com

Antje Blumenstein
63 | *Glaube an den Glamour 5*, 2009
PU foam, borders, MDF, glass,
160 × 43 × 40 cm
Courtesy the artist
© Antje Blumenstein | VG Bild-Kunst

Olivia Berckemeyer
108 | *I Phone*, 2019
Unique bronze cast, gold-plated, 18K,
17 × 7 × 1 cm
Courtesy the artist, VG Bild-Kunst
Photo: Sabina McGrew

59 | *Memento Mori – Golden Mask*,
2020/2021
Gold-plated bronze, 28.4 × 10.8 × 3.6 cm
Courtesy the artist, VG Bild-Kunst
Photo: Roman März

31 | *Horizont*, 2013
Unique bronze cast, gold-plated, 18K,
3.5 × 2 × 420 cm
Courtesy the artist, VG Bild-Kunst
Photo: Roman März

Ruth Campau
95 | *Imagine Gold*, 2016
Acrylic on Mylar, Mylar mirror,
380 × 455 × 110 cm
Courtesy the artist |
FeldbuschWiesnerRudolph Galerie
© Ruth Campau

3 | *The Beginning*, 2010
Gold tape, 50 × 40 cm
Courtesy Collection Weinreich Schönfeld,
Berlin, © Ruth Campau

Marianne Engel
66 | *Goldener Bonsai*, 2017
Bonsai, gold spray, afterglow pigment,
70 × 42 × 36 cm
Courtesy the artist
© Marianne Engel

67 | *Dunkelgoldener Bonsai*, 2017
Bonsai, gold spray, concrete,
afterglow pigment, 70 × 45 × 40 cm
Courtesy the artist
© Marianne Engel

Luka Fineisen
89 | *Immobilien*, 2008
Plastic, gold lacquer, 8–10 cm
Courtesy the artist
© Luka Fineisen
Photo: Elias Hassos

Niklas Goldbach
56 | *ISO 5*, 2017
8 archival pigment prints, silicone
lamination mounted behind matte
acrylic glass, 140 × 100 cm
Courtesy the artist
© Niklas Goldbach

Eckart Hahn
42 | *Subsurface*, 2013
Gold chrome, lacquer, fabric, walnut,
82 × 62 × 5 cm
Private collection
© Eckart Hahn | VG Bild-Kunst

70 | *Beauteousness*, 2011
Mixed media, 500 × 140 × 250 cm
Courtesy the artist
© Eckart Hahn | VG Bild-Kunst

David Krippendorf
65 | *Death to the Foreigner*, 2017
Gold leaf on music score pages,
31 × 23 cm
Courtesy the artist
© David Krippendorff | VG Bild-Kunst

Claudia Kugler
50 | *Verwirrungen*, 2015
GIF file, 1000 × 281 px 2 sec.loop
Courtesy the artist
© Claudia Kugler

Alicja Kwade
46 | *Schwarzes Gold*, 2008
Gilded aluminum,
11.5 × 8 × 6 cm × 500g
Alicja Kwade | Courtesy König Galerie
Photo: Roman März

39 | *Causal Emergence (July)*, 2019
Clock hands on cardboard, unique,
175 × 175 cm
Alicja Kwade | Courtesy Sammlung
Wemhöner
Photo: Roman März

Andréas Lang
40 | *Goldene Zeiten*, 2010
Pigment print, 120 × 96 cm
Courtesy the artist
© Andréas Lang | VG Bild-Kunst

Via Lewandowsky
68 | *Goldene Schnitte #2*, 2020
Woodchip wallpaper, gilded and
defibered, 52.5 × 52.5 cm
Courtesy the artist
Photo: Thomas Bruns

69 | *Goldene Schnitte #4*, 2020
Woodchip wallpaper, gilded and
defibered, 52.5 × 52.5 cm
Courtesy the artist
Photo: Thomas Bruns

79 | *Reinheit (Purity)*, 2021
Broom with fairy lights
145 × 35 × 10 cm
Courtesy the artist
Photo: Thomas Bruns

Michael Müller
76 | *Collector's Choice*, 2016
24-karat gold leaf on cardboard,
51 × 51 cm
Michael Müller | Courtesy Sammlung
Wemhöner, © VG Bild-Kunst
Photo: Mathias Schormann

Sebastian Neeb
45 | *Trophy for Finding the Jug of Wisdom,
Drained to the Dregs and Stuck to
a Piece of Wood*, 2015
from the series *Trophies for Outstanding
Performance over Decades*
Glazed and partially gilded ceramics,
alcohol ink, polymer glue, various
woods (beech, mahogany, ebonized
cherry tree, white wenge, pine),
58 × 30.5 × 30.5 cm
Courtesy the artist
© Sebastian Neeb

44 | *Trophy for Being the Puppet of a
Puppet of a Puppet*, 2016
from the series *Trophies for Outstanding
Performance over Decades*
Gilded ceramic, beechwood rod,
various veneers, mirror, neon and car
paint, mahogany, black marble, rotation
feature, 58 × 30.5 × 30.5 cm
Courtesy the artist
© Sebastian Neeb

60 | *Dilettante Kartoffeln wetteifern um die
Gunst des Vaters*, 2020–2022, ongoing
40 black ceramics, glazed and gilded,
steel, ca. 4 × 4 × 6 cm
Courtesy the artist
© Sebastian Neeb

Andrea Pichl
75 | *Gipselement*, 2018
Plaster element, plaster pigmented in
color, variable dimensions
Courtesy the artist, © VG Bild-Kunst
Photo: Roman März

84 | *Untitled*, 2017
Graphite and colored pencil on
stone paper, 100 × 80 cm
Courtesy the artist, © VG Bild-Kunst
Photo: Roman März

Julian Röder
53 | *Untitled (WoW – M: 05)*, 2011
Archival pigment print, 32 × 24 cm
Julian Röder | Courtesy Sammlung
Florian Peters-Messer
© Julian Röder

Johanna Reich
26 | *Virgin's Land*, 2019
Video performance, loop
Johanna Reich | Courtesy Priska Pasquer
© Johanna Reich | VG-Bild Kunst

Stéphanie Saadé
34 | *Golden Memories*, 2015–2017
Old photography, gold leaf, 15 × 10 cm
Courtesy the artist | Galerie Akinci
Photo: Aurélien Mole

92 | *Golden Apple*, 2014–2018
24-karat gold leaf on apple
Courtesy the artist | Galerie Akinci
© Stéphanie Saadé

25 | *A Map of Good Memories*, 2015
300 × 150 cm, 24-karat gold leaf on floor
Courtesy the artist | Galerie Akinci
Photo: Marco Pinarelli

Michael Sailstorfer
99 | *Kopf und Körper Marzahn 03*, 2017
Bronze: 45.5 × 32.5 × 29 cm,
concrete base: 65.5 × 55 × 44 cm
Michael Sailstorfer | Courtesy Sammlung
Wemhöner
© Studio Michael Sailstorfer |
VG Bild-Kunst

Karin Sander
73 | *BRD, Woodchip Wallpaper, Gold*, 2016
clip frame, woodchip wallpaper
(Erfurt Nr 80, Royal), wall paint
DIN A3 42 × 29,7 cm
Courtesy the artist | collection haubrok
© Studio Karin Sander | VG Bild-Kunst

Karina Spechter
47 | *Glück / Happiness*, 2001
PVC foil / PVC film, 70 × 69 × 68 cm
Courtesy the artist
Karina Spechter
Photo: Antonio Graf Strachwitz

Henrik Strömberg
81 | *vertical violence*, 2017
Pigment print, 130 × 85 cm
Courtesy the artist
© Henrik Strömberg

Philip Topolovac
36 | *Some people think the past is golden*,
2017
Sculpture, ground find, 24-karat gold leaf,
9 × 14 × 12 cm
Privately owned
© Philip Topolovac | VG Bild-Kunst

52 | *Some people think the past is
golden*, 2020
Archaeological find (corroded gun),
gold leaf, 12 × 8 × 3 cm
Courtesy the artist
© Philip Topolovac | VG-Bild Kunst

Panos Tsagaris
33 | *April 11*, 2016
Gold leaf on archival inkjet print,
160 × 93 cm
Courtesy Collection Galerie Kornfeld
© Panos Tsagaris

Frauke Wilken
91 | *Begehren*, 2005/2015
Mixed media, 50 × 13 × 14 cm
Courtesy private collection
© Frauke Wilken | VG Bild-Kunst

128 | *Gehörnter*, 2022
Fiber, acrylic paint, 73 × 34 × 20 cm
Courtesy the artist
© Frauke Wilken | VG Bild-Kunst

Andrea Winkler
109 | *BAGS #3*, 2015
Handbags (synthetic leather),
58 × 42 × 28 cm
Courtesy the artist
Photo: Stefan Panhans

23 | *Short Lets Considered (SBU)*, 2021
Various crowd control systems
Courtesy the artist
Photo: Stefan Panhans

Clemens Wolf
82 | *Opened Space*, 2010
24-karat gold leaf on construction fence,
concrete and bolt cutter,
200 × 350 × 150 cm
Courtesy the artist
Photo: Lukas Gansterer

97 | *Parachute Sculpture Gold*, 2019
Epoxy resin on reserve parachute,
ø 80 × 150 cm × (variable)
Courtesy the artist
© Collectors Agenda

He Xiangyu
87 | *Untitled*, 2021
Bronze, pure gold, 30 × 20 × 5 cm
Courtesy the artist
© He Xianghyu

This publication is released to accompany the exhibition:
DORÉ | VERGOLDET | GILDED
15. April – 14. August 2022, Château de Nyon
12. June – 28. August 2022, Schloss Biesdorf
www.chateaudenyon.ch
www.schlossbiesdorf.de

Editors:
Karin Scheel
Schloss Biesdorf
Bezirksamt Marzahn-Hellersdorf von Berlin / Fachbereich Kultur
Alt Biesdorf 55
12683 Berlin

Vincent Lieber
Château de Nyon
Service de la Culture
1260 Nyon

Author and catalog concept:
Harald F. Theiss

Design:
Polina Bazir, Kerber Verlag

Copyediting:
Mariette Franz (DE), Sarah Quigley (EN)

Translation:
Lisa Davey (DE–EN), George Frederick Takis (DE/FR–EN),
Hervé Genoud (FR–DE), 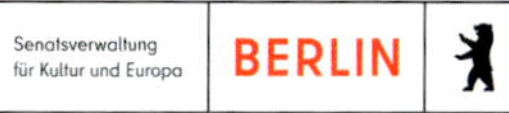 **Swiss**Translate (DE–FR)

Project Management, Kerber Verlag:
Lydia Fuchs

Production, Kerber Verlag:
Jens Bartneck

Printed and published by
Kerber Verlag
Windelsbleicher Str. 166–170
33659 Bielefeld
Germany
+49 521 950 08 10
+49 521 950 08 88 (F)
info@kerberverlag.com
kerberverlag.com

Kerber publications are distributed worldwide:

ACC Art Books
Sandy Lane
Old Martlesham
Woodbridge, IP12 4SD
UK
+44 1394 38 99 50
+44 1394 38 99 99 (F)
accartbooks.com
uksales@accartbooks.com

Artbook | D.A.P.
75 Broad Street, Suite 630
New York, NY 10004
USA
+1 (212) 627-1999
+1 (212) 627-9484 (F)
artbook.com
orders@dapinc.com

AVA Verlagsauslieferung AG
Centralweg 16
8910 Affoltern am Albis
Switzerland
+41 44 762 42 50
+41 44 762 42 10 (F)
avainfo@ava.ch

Zeitfracht GmbH
Verlagsauslieferung
kerber-verlag@zeitfracht.de

The Deutsche Nationalbibliothek lists this publication in the
Deutsche Nationalbibliografie: dnb.de.

© 2022 Kerber Verlag, Bielefeld/Berlin, Schloss Biesdorf,
Ville de Nyon, Service de la Culture, Château de Nyon, artists
and authors / for the works of Antje Blumenstein, Olivia
Berckemeyer, David Krippendorff, Eckart Hahn, Andréas Lang,
Agnes Martin, Michael Müller, Andrea Pichl, Johanna Reich,
Michael Sailstorfer, Karin Sander, Philip Topolovac, Frauke Wilken:
VG Bild-Kunst Bonn, 2022

All rights reserved. No part of this publication may be repro-
duced, translated, stored in a retrieval system or transmitted in
any form or by any means, electronic, mechanical, photocopying
or recording or otherwise, without the prior permission of the
publisher in writing.

ISBN 978-3-7356-0848-2

www.kerberverlag.com

Printed in Germany

The curator would like to thank:
Karin Scheel and her team, Vincent Lieber and his team,
Joerg Oettermann and his team, and all artists and lenders.

The exhibition at Schloss Biesdorf is supported by the Exhibition
Fund for Municipal Galleries and the Fund for Exhibition Fees
of the Senate Department for Culture and Europe.

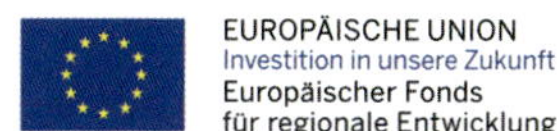

The reconstruction in accordance to guidelines for historical
monuments of Schloss Biesdorf was made possible by the
District Authority of Marzahn-Hellersdorf and funds from the
State of Berlin (European Regional Development Fund – ERDF /
ERDF campaign "Cultural Investment Program – KIP") and with the
financial support of the Stiftung Deutsche Klassenlotterie Berlin.

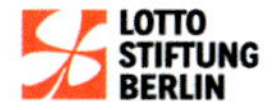

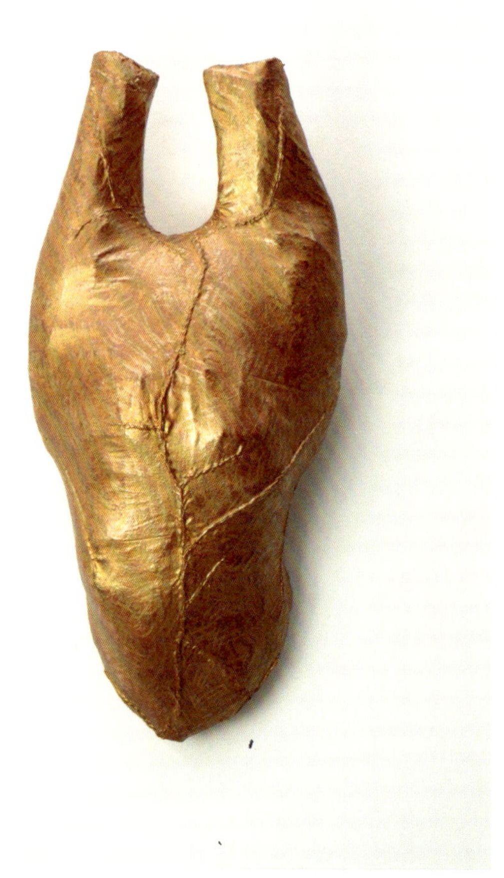

Frauke Wilken
Gehörnter, 2022
Gewebe, Acrylfarbe
Tissu, peinture acrylique
73 × 34 × 20 cm